USA

Texas, Dallas-Fort Worth

Bibliographische Information der Deutschen Nationalbibliothek: Die Deutsche Nationalbibliothek verzeichnet diese Publikation in der Deutschen Nationalbibliographie; detaillierte bibliographische Daten sind über das Internet abrufbar.

Autor: Peter Schneider
Co-Autor: Christine Anna Döring
Lektorat: Anke Kornmüller, Karlsruhe
Satz & Layout: Jeannette Zeuner, BookDesigns Berlin
Marketing: Christine Anna Döring
Beratung: Dr. Inge Kappel, Knittlingen
Foto: Steffen Gierok, Hettstedt
Titelfoto: Dallas Downtown
Ft. Worth, Wildcatter Ranch
Verlag: International Travel Books, Germany
Vertrieb: u. a. Libri, Germany
Printed: Federal Republic of Germany, Hamburg
ISBN 978-3-00-044802-7

USA - TEXAS

Dallas / Fort Worth

INHALT

VORWORT

Mit den tödlichen Schüssen auf den amerikanischen Präsidenten John F. Kennedy im Jahre 1963 wurde die Stadt Dallas innerhalb weniger Minuten weltbekannt.

Fast zwei Jahrzehnte später schaffte es die texanische Stadt mit der TV Serie *Dallas* ebenso zu Weltruhm. Das TV Spektakel brach mit seinen 357 Folgen zwischen 1978 und 1991 alle Rekorde.

Heute präsentiert sich Dallas neben Fort Worth als wichtigste Kongressstadt in den USA. Bedingt durch die optimale geographische Lage in der Mitte des Landes veranstalten die großen nationalen und internationalen Firmen hier ihre Mitarbeiterschulungen, Meetings und Veranstaltungen. Wirtschaftlich gesehen geht es dem Staat Texas besser als vielen anderen Staaten innerhalb der USA. In den letzten Jahren haben sich daher viele US-Amerikaner von der West- und Ostküste in Texas eine neue Existenz aufgebaut.

Auffällig in beiden Städten ist der Bezug zur Kunst. Anhand der enormen Anzahl an Galerien und Ausstellungen könnte man meinen, die beiden Städte stünden im direkten Konkurrenzkampf. In der Tat ist es schwierig festzustellen, wer das bessere Angebot hat.

Was wäre Texas ohne seine Cowboys, die saftigen Steaks, die Longhorns, Saloons, die vielen Farmen und Ölquellen? Neben der weltbekannten *Southfork Ranch* haben wir ebenso eine Ranch nordwestlich von Fort Worth entdeckt, die auf dem deutschen Markt noch relativ unbekannt ist.

Mit unzähligen Einkaufszentren und dem derzeitig günstigen US-Dollar hat sich das Land zum wahren Shopping-Paradies entwickelt.

Die seit Jahrzehnten hervorragende Infrastruktur und die optimalen Fluganbindungen von Europa aus machen Dallas/Fort Worth zu einer begehrten Destination für Geschäftsleute und Touristen. In den vergangenen Jahren sind weit über 60 000 Besucher pro Jahr aus den deutschsprachigen Ländern in die Region gereist und verweilten durchschnittlich 8,4 Tage.

Dass die Region DFW eine hohe Lebensqualität vorzuweisen hat, hat sich schon lange herumgesprochen – und das nicht nur bei den Amerikanern. Da wundert es auch nicht, dass um die 76 000 Menschen aus deutschsprachigen Ländern in Texas leben und arbeiten.

Ihnen kann ich daher nur gute Geschäfte und einen tollen Aufenthalt wünschen.

Peter Schneider

Langhorns auf der Wildcatter Ranch

VORBEREITUNGEN

VISA

Touristen / Geschäftsleute

Positiv zu bewerten ist, dass man seit einigen Jahren auch relativ kurzfristig in die USA reisen kann. Das aufwendige Prozedere für Touristen und Geschäftsleute zur Visaerlangung gibt es nicht mehr. Seit Januar 2009 benötigen Staatsbürger von Deutschland, Österreich und der Schweiz sowie der meisten EU-Staaten, die aus geschäftlichen oder privaten Gründen vorübergehend in die Vereinigten Staaten reisen, **vor** Reiseantritt per Flugzeug oder Schiff eine Elektronische Anreise-Genehmigung (ESTA). Das Programm zur Visumbefreiung gilt für die gesamten USA einschließlich Puerto Rico, Guam und die US-Virgin Islands (Jungferninseln). Nachdem Sie in die USA eingereist sind, können Sie innerhalb von 90 Tagen Reisen nach Kanada, Mexiko und in die Karibik unternehmen und auf beliebigem Weg in die USA zurückkehren. Die Landeinreise von Mexiko und Kanada aus den USA ist für einen Aufenthalt von bis zu 90 Tagen ohne Visum möglich. An den Grenzen müssen Sie ggf. ausreichende finanzielle Mittel nachweisen, um Ihren gesamten Aufenthalt und die Rückreise bezahlen zu können. Bei der Einreise aus Kanada und Mexiko wird an der Grenze eine weitere Gebühr von 6 US-Dollar erhoben.

Für das *Visa Waver Program* meldet man sich auf folgender Homepage an: www.esta.cbp.dhs.gov/esta

Weitere Links findet man ebenso auf den Homepages der meisten deutschen Fluggesellschaften, die in die USA fliegen. Ohne eine

Registrierung für das *Visa Waver Program* vor dem Abflug wird man keine Maschine besteigen können!

Au Pair / Studenten / Journalisten

Dieser Personenkreis muss nach wie vor ein gültiges Einreisevisum haben. Das Formular füllt man auf der Homepage der US-Botschaft in Deutschland online aus. Nach Bezahlung der Visagebühr setzt man sich telefonisch mit der zugesandten kostenpflichtigen Telefonnummer in Verbindung, um den Termin für ein persönliches Interview in der Konsularabteilung der Botschaft in Berlin zu vereinbaren. Die Passfotos, falls man diese nicht bei der Online-Beantragung mitgesandt hat, müssen dann zum festen Termin mitgenommen werden. Das persönliche Erscheinen ist unumgänglich. Flüssigkeiten, Feuerzeuge, Telefone oder andere elektronische Geräte dürfen nicht in das Gebäude mitgenommen werden und auch dort nicht deponiert werden!

Konsulat

Das Konsularamt der US Botschaft in Berlin befindet sich nicht am Brandenburger Tor, sondern in der Clayallee 170 in 14195 Berlin. Parkplätze für Besucher gibt es nicht. Man kann jedoch in einer Seitenstraße das Auto abstellen. Falls man mit der Bahn anreist, sollte man Telefone etc. in einem Schließfach am Hauptbahnhof deponieren. Es ist nur möglich, mit einem festen Termin dort vorzusprechen. Begleitpersonen, die nicht zum Interview eingeladen sind, dürfen das Gebäude nicht betreten. Das Konsularamt ist auch nicht telefonisch zu erreichen. Für das Interview sind alle notwendigen Bescheinigungen (Arbeitsvertrag, Schreiben der Universität, ggf. Bescheinigungen einer Krankenversicherung, gültiger Presseausweis etc.) im Original vorzulegen. Welche Unterlagen man genau mitbringen muss, erfragt man am besten bei der telefonischen Terminvereinbarung. Nachdem man den Sicherheitscheck beim Betreten durchlaufen hat, begibt man sich in den Warteraum, um dort seinen Pass und sämtliche Papiere abzugeben. Später wird man namentlich für das Interview, welches auf Deutsch geführt wird, aufgerufen. Je nachdem, wie überzeugend man seine Reisewünsche vorgetragen hat, dauert das Interview zwischen zwei und fünf Minuten. Der Beamte sagt sofort, ob dem Visaersuch stattgegeben wird, oder ob man ggf. weitere Unterlagen nachreichen muss. Das ganze Prozedere dauert etwa zwei Stunden.

Passfoto
Es müssen biometrische Passfotos vor hellem Untergrund (weiß oder blau) 5×5 cm eingereicht werden.

ANREISE

Die Anreise von Deutschland, Österreich und der Schweiz nach Dallas / Fort Worth könnte nicht einfacher sein. Von allen deutschen, österreichischen und Schweizer Flughäfen kann man über Frankfurt direkt nach Dallas / Fort Worth fliegen. Von Berlin fliegt die Air Berlin ebenso direkt nach Texas. American Airlines fliegt täglich und nonstop nach DFW. Von Düsseldorf erreicht man Texas mit einem Umstieg in Chicago oder New York. Von Zürich fliegt die AA über New York nach DFW.

CHECK-IN

Alle Passagiere, die in die USA fliegen, werden am Abflughafen von Sicherheitsbeamten der Einwanderungsbehörde kurz über den Zweck der Reise befragt. Bitte sehen Sie dies nicht als lustige

Unterhaltung an oder machen gar undiplomatische Scherze. Auch wenn Sie das Visum bereits haben sollten, so kann man Ihnen den Abflug doch verweigern!

Rückflug

Passagiere, die beim Rückflug in Frankfurt, Wien oder Zürich umsteigen müssen, dürfen keine Flüssigkeiten mit an Bord nehmen, auch dann nicht, wenn sie diese im Duty Free Shop in Dallas gekauft haben. Tipp: Checken Sie in DFW nur bis Frankfurt, Wien oder Zürich ein und holen Sie sich dann das Gepäck dort ab. Bevor Sie dann für den Weiterflug einchecken, verstauen Sie Parfüm, Alkoholika etc. in dem dann neu aufgegebenen Koffer. Dies ist zwar etwas umständlich, aber nur so bekommen Sie die „flüssigen" Einkäufe dann auch bei der Sicherheitskontrolle durch. Passagiere, die keine Flüssigkeiten in den Duty Free Shops kaufen, checken natürlich in DFW direkt zum Zielflughafen durch.

DIE PLAGE MIT DEM JETLAG

Der Jetlag, vor allem, wenn man von Europa nach Texas fliegt, macht weder vor Touristen noch vor den geplagten Geschäftsreisenden halt. Als Tourist kann man zwar etwas entspannter damit umgehen, jedoch muss gerade ein Geschäftsmann immer hellwach sein, um erfolgreich zu sein. Eine Regel behauptet: Pro Stunde Zeitverschiebung benötigt der Körper einen Tag, um sich an den neuen 24-Stunden-Rhythmus zu gewöhnen. Bei Reisen nach DFW und acht bis neun Stunden Zeitverschiebung stellt dies eine enorme Herausforderung für Körper und Geist dar. Für die meisten Geschäftsleute, die nur für einige Tage nach Texas fliegen, ist die Problematik vorprogrammiert. Angeblich hatten Wissenschaftler 2013 herausgefunden, was genau für den Jetlag verantwortlich ist; bis ein Mittel dagegen aber tatsächlich auf den Markt kommen wird, werden noch einige Jahre vergehen. Wir haben zwar auch kein Patentrezept, jedoch einige Tipps, die die Zeitverschiebung abfedern können.

Der Vielflieger, egal ob in der Business- oder der günstigen Economy Class weiß ohnehin, dass man entweder einen Fensterplatz bucht (man kann dann versuchen, etwas zu schlafen und muss seinen Sitznachbarn nicht durchlassen) oder einen Exit (mit extrem viel Beinfreiheit). Aber auch vor Abflug kann man sich etwas vorbereiten. Erfahrungen haben gezeigt, dass besonders viele Geschäftsreisende an einem Montag abfliegen. So kann man das Wochenende dazu nutzen, eine oder zwei Stunden später ins Bett zu gehen. Während des Fluges sollte man auf zu großen Alkoholkonsum verzichten. Ein Glas Rotwein könnte sich jedoch positiv auf ein Nickerchen auswirken. Das Essen sollte man nicht unterschätzen. So empfehlen einige Wissenschaftler auf den Flügen in den Westen besonders Fisch, Fleisch, Käse und Eier. Auch die Fluggesellschaften haben sich bei Abflügen von Europa aus auf die Zeitverschiebung eingestellt. So wird meist (bei Abflug am Vormittag) die Kabine nach dem Mittagessen abgedunkelt. Der Fluggast in der First oder Business Class bekommt eine Schlafmaske und der Vielflieger in der Economy Class hat sowieso immer eine dabei. Hilfreich kann ebenso ein Nackenkissen sein, das man sich vorher besorgt hat. Diese gibt es heute zwar auf jedem Flughafen, jedoch sind die Preise dort hoch. Bei Ankunft im Zielgebiet DFW am frühen Nachmittag (in Deutschland ist es dann schon Mitternacht) sollte man lediglich das Gepäck auf das Hotelzimmer bringen und duschen, und dann ab in das Licht bzw. zum ersten Termin. Die wichtigsten Termine hat ein Vielflieger sowieso immer auf den Morgen eingeplant. Nicht zu empfehlen sind Schlaftabletten, da sie den Körper nur unnötig belasten. Auch die Klimaumstellung ist nicht zu unterschätzen. Daher sollten anstrengende sportliche Betätigungen im Freien vermieden werden und stattdessen das Fitnessstudio im Hotel besucht werden.

Für Geschäftsleute, die sich nur zwei bis drei Tage in Texas aufhalten, besteht die Gefahr des Doppel-Jetlag. Man sollte daher lieber den Tag-Nacht-Rhythmus der Heimat beibehalten.

Ansonsten empfiehlt das Frauenhofer-Institut das „intelligente Licht-Management". Das bedeutet, dass warmes weiches Licht zur Entspannung beiträgt und die Melatoninproduktion begünstigt. Dies wird bei einigen Fluggesellschaften bereits eingesetzt.

KLIMA UND WETTER

Die globale Klimaerwärmung macht auch in Texas nicht halt. Zahlreiche ausgetrocknete Flussbetten sind der Beweis dafür.

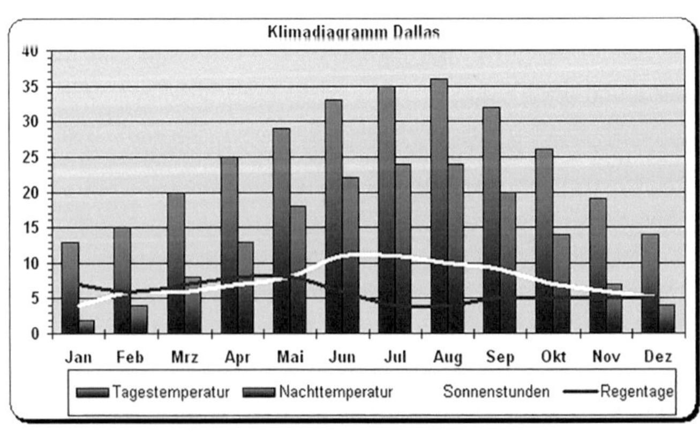

Die Temperaturen von Dallas und Fort Worth unterscheiden sich nur unwesentlich. Während die Temperatur im Juli und August bis an die 40° Celsius steigt, kühlt es sich in den Nachtstunden vielleicht auf 30° Celsius ab. Etwas kühler mit circa 35° Celsius wird es ab Mitte September.

ZAHLUNGSMITTEL

Der US-Dollar ($) ist nicht nur eine Weltwährung, sondern aus dem täglichen internationalen Geschäftsbetrieb nicht mehr wegzudenken, wobei einige Firmen ihre Geschäfte seit einigen Jahren auch in Euro führen.

Vor der Abreise aus dem Heimatland sollte man sich einige Dollar über die Hausbank bestellen. Besonders wichtig sind die Ein-Dollar-Noten. Größere Scheine ab 50 US$ werden skeptisch betrachtet. Bargeld wird in Texas fast nur für Trinkgelder benutzt. Die Kreditkarten sind aus dem täglichen Leben nicht mehr wegzudenken und werden bei allen Käufen eingesetzt. Selbst für einige Flaschen Wasser oder Zigaretten bezahlt man unproblematisch mit der Karte. Auch einen Hamburger in einer Fastfood-Kette zahlt man mit Plastik. Würde man mit Bargeld bezahlen, bedeutete dies für die meisten Amerikaner, dass man zahlungsunfähig ist und keine Kreditkarte mehr bekommt.

Daher sollten pro Person 100 US$ in bar in kleinen Scheinen für einen zweiwöchigen Urlaub ausreichend sein.

Kreditkarten

In Texas werden sämtliche Kreditkarten entgegengenommen. Nichtsdestotrotz sollte man immer eine weitere Mastercard oder Visacard dabei haben. Selbstverständlich wird die American Express Card auch im Mutterland der Kreditkarten akzeptiert.

Man sollte sich vor Reiseantritt in die USA bei seinem Anbieter genauestens über die weiteren Services erkundigen. Besonders die teuren Goldenen Kreditkarten bieten oft internationalen Reiseschutz, Kfz-Versicherung etc. inklusive an.

Auch sollte man sich erkundigen, wie hoch die jeweiligen Gebühren bei einem Einsatz in den USA sind. Ebenso sollte man prüfen, ob man im Notfall auch kostenlos Geld an einem Automaten abheben kann. Einige Anbieter berechnen dafür keine Gebühr.

Verlust / Diebstahl

Bei Verlust oder Diebstahl der Kreditkarten ist unverzüglich die Sperrung zu beantragen. Für Deutschland gibt es seit einigen Jahren eine einheitliche Rufnummer für alle Kreditkarten/Telefonkarten: +49 116 116 oder +49 30 4050 4050. Beide Nummern sind 24 Stunden erreichbar. Von Deutschland aus sogar kostenlos unter 116 116.

Für österreichische und Schweizer Kreditkarten gibt es bisher keine einheitliche Rufnummer. Die ausstellende Bank/Kreditinstitut sind daher direkt zu informieren. Die meisten Anbieter versenden auf Kundenwunsch eine neue Kreditkarte.

Tankstellen

Kreditkarten aus Deutschland, Österreich und der Schweiz werden i. d. R. nicht direkt an der Zapfsäule akzeptiert, da man in den USA eine fünfstellige PIN eingeben muss. Man muss daher in der Tankstelle im voraus bezahlen (z. B. 25 US$), und erst dann kann man draußen den Wagen betanken. Beträgt dann jedoch die Tankfüllung nur 22,40 US$, so muss man wieder zurück, den alten Betrag stornieren und den neuen eingeben.

Hotels

Viele Hotels blocken einen Betrag auf der Kreditkarte, wenn man ins Hotel eincheckt. Achtung: Einige Kreditkartenanbieter buchen dies nur mit einer Gebühr, auch wenn man dann den Betrag wieder erstattet bekommt. Daher sollte man vorher prüfen, welche Karte wann zum Einsatz kommt.

BUSINESS IN DFW

Die USA sind einer der wichtigsten Handelspartner Deutschlands. Erst im Jahre 2013 wurde der Grundstein gelegt für ein neues Handelsabkommen (Free Trade) der EU/Deutschland mit den USA. Für die marode US Wirtschaft sicher ein letzter Weg, um sich besser vor dem wirtschaftlichen Einfluss von China zu schützen. Dass sich dies später wirklich zu Gunsten der USA positiv auswirkt, wäre wünschenswert. Aber auch für Firmen aus Deutschland und Österreich werden sich durch den Wegfall von Steuern und Zöllen neue Möglichkeiten ergeben. Geschäftsleute, die beabsichtigen, sich in DFW zu engagieren, oder neue Investitionsmöglichkeiten suchen, wenden sich am besten an die:

German American Chamber of Commerce
1900 W. Loop South
Houston, TX 77027
Tel: 832-384-1204
www.gaccsouth.com
www.ahk-usa.com
www.germancompanies.us

Dort sollten eigentlich für jeden Geschäftsmann Fragen zu einer möglichen Niederlassung/Betätigung kompetent beantwortet werden. Des Weiteren bieten die AHK (Auslandshandelskammern) in sporadischen Abständen Delegationsreisen in die Region an. Ebenso ist man bei der Geschäftspartnersuche und bei der Firmengründung behilflich.

Bonität-Prüfung
Bedingt durch die zum Teil anhaltende wirtschaftliche Krise in den USA ist es für einen deutschen Partner äußerst problematisch, das Risiko einzuschätzen. Eigene Recherchen sind extrem zeitintensiv bzw. auch manchmal unmöglich. Ein sehr luxuriöses Büro in DFW oder ein großer Stand auf einer Messe sagen nichts über die finanziellen Verhältnisse einer amerikanischen Firma aus. Zum Anderen denken einige Unternehmer vor Ort, Deutschland sei weit weg und die Probleme würden sich von selbst lösen. Daher ist es empfehlenswert, sich vor Vertragsabschluss an die AHK zu wenden. Eine Bonitätsauskunft kostet bei der AHK 250 € je Unternehmen/Report.

Jährlich werden etwa zwei Delegationsreisen in die Region angeboten, wobei in Kleingruppen bis circa 10 Teilnehmern gereist wird.

Die Handelskammern versuchen auch, bei Missverständnissen zu vermitteln, da Gerichtsverfahren in den USA nicht nur extrem kostenintensiv sind, sondern auch jahrelang dauern können. Dadurch konnte die AHK in Houston schon des Öfteren ihr Können unter Beweis stellen.

Deutsche Schule

In Dallas gibt es seit 2009 zwar die German International School, aber der Name ist irreführend. Vielmehr handelt es sich um eine Kinderkrippe (ab dem 18. Monat) bzw. Kindergarten (ab 5 Jahre), wo die Kleinsten in deutscher Sprache betreut und gefördert werden.

German International School
12411 Tempelton Trail
Farmers Brach, TX 75234
Tel: 214-507-0130
www.german-isd.com

Deutsche, die ständig in DFW leben möchten, werden nach einigen Monaten in Texas feststellen, dass es nicht immer leicht ist, deutsche Produkte in den Lebensmittelläden zu finden.

Deutsche Geschäfte

LEBENSMITTEL

German Deli (www.germandeli.com) bietet das wohl umfangreichste Sortiment an Lebensmitteln, inklusive deutschen Backwaren, in den USA an. Durch den Import sind die Preise natürlich immer etwas höher als in Deutschland.

Henks European Deli ist ein kleiner deutscher Laden mit Wurst und Backwaren sowie Restaurant.

Henks Deli
5811 Blackwell St
Dallas, TX 75231
Tel: 214-987-9090
www.henksblckforestbakery.com

Kuby´s
6601 Snider Plaza
Dallas, TX 75205
Tel: 214-363-2231
www.kubys.com

Kuby´s gibt es schon seit 1961 in Dallas. Es ist in der deutschen Gemeinde ein Inbegriff für Qualitätsprodukte. Neben deutscher Metzgerware darf ein Restaurant nicht fehlen.

BÄCKER

BreadHaus
700 W. Dallas Road
Grapevine,TX 76051
Tel: 817-488-5223
www.breadhaus.com

Hier werden noch nach deutscher Backtradition Brote (Roggenbrot ab 4,75 US$) und Brötchen (ab 0,50 US$) sowie Plätzchen und Kuchen frisch gebacken. Dass es hier besonders viele Stammkunden aus Deutschland und Österreich gibt, verwundert nicht.

CAFÉS

Mal wieder einen richtigen Kaffee trinken und ein Stück Pflaumenkuchen essen? Oder wie wäre es mit einem Wiener Schnitzel? Alle Spezialitäten aus Deutschland und Österreich werden hier frisch zubereitet. Das *Café Vienna* ist nicht nur in der deutschsprachigen Gemeinde sehr beliebt, auch die Texaner wissen, was gut ist. Ganz nett sitzt es sich auch im Biergarten bei einem gekühlten Weizenbier. Öffnungszeiten: Donnerstag und Freitag von 11–14.30 Uhr und 16.30–21 Uhr, Freitag und Samstag von 11–14.30 Uhr und 16.30–22 Uhr.

Café Vienna
1037 E. 15th St
Plano, TX 75074
Tel: 972-509-5966
www.jorgscafevienna.com

Für die deutsche Gemeinde in DFW ist der *Bavarian Grill* immer eine sehr willkommene Abwechslung. Aber auch die Texaner lieben nicht nur das gute deutsche Essen, sondern auch die Gemütlichkeit. Dass es hier die gleichen Gerichte gibt wie in einem Restaurant in Bayern, versteht sich von selbst. Besonders das Oktoberfest mit Live Band zieht viele Gäste an. Öffnungszeiten: Dienstag bis Samstag von 11–22 Uhr.

Bavarian Grill
221 W Parker Road
Plano, TX 75023
Tel: 972-881-0705
www.bavariangrill.com

Saftige Steaks bekommt man überall in Texas

UNTERKÜNFTE IN DFW

In beiden Städten gibt es unzählige Hotels für Geschäftsreisende und Touristen mit großem und kleinem Budget.

Die 5*-Hotels sind durchweg modern und großzügig ausgestattet. Es fällt allerdings auf, dass auch große internationale Luxusherbergen extrem sparen müssen. So sucht man Zahnbürste und Bademantel in vielen der Tophäuser vergebens. Was fast alle Hotels, auch die etwas günstigeren, anbieten, ist eine Kaffeemaschine mit einigen Pads zur kostenlosen Benutzung. Kaffeesahne und Zucker wird kostenlos bereitgestellt. Minibars sind selbst in den guten Hotels nicht immer Standard. Einige Hotels bieten Wasser in Plastikflaschen in den Zimmern an. Hier sollte man sich genauestens erkundigen, ob das Wasser auch wirklich kostenlos angeboten wird oder womöglich 5 US$ pro Flasche zu zahlen sind.

Beim Check-in muss man immer eine Kreditkarte vorlegen, egal, ob das Zimmer bereits in der Heimat oder von einem anderen Partner bezahlt wurde. Je nachdem wird ein Betrag von 30–80 US$ geblockt. Dies dient als Sicherheit der großen Hotels. Falls Sie keine Leistungen in dem Hotel in Anspruch genommen haben, wird der Betrag beim Check-out wieder erstattet. Einige Kreditkarten berechnen auch für das kurzfristige Blocken eine Gebühr (s. o.).

Das Rauchen in texanischen Hotels ist laut Gesetz streng verboten. Zuwiderhandlungen werden mit 250 US$ geahndet. Man sollte dies jedoch nicht auf die leichte Schulter nehmen und heimlich irgendwo rauchen. Alle Hotels werden durch Kameras überwacht, auch wenn selbstverständlich die Zimmer davon ausgeschlossen sind. Für Raucher sind entsprechende Stellen nur wenige Meter vom Eingang vorgesehen. Nicht immer findet man dort jedoch einen Aschenbecher. Wer nicht sicher ist, fragt besser nach.

Bei der Auswahl eines Hotels sollte man sich die gesamten Leistungen, die man in Anspruch nehmen möchte, vor der Buchung erklären lassen. Ein 5*-Hotel kann eventuell 20 US$ günstiger sein, aber dafür 30 US$ für das Parken verlangen! Einige Hotels bieten einen kostenlosen Parkplatz an. Andere, besonders in den Innenstädten, schlagen bei den Parkgebühren ordentlich zu. Neben den 30 US$ kommt dann auch noch die Steuer drauf. Leider gibt es oft keine Alternative, als den hoteleigenen Parkplatz zu nutzen.

Fährt man bei den besseren Hotels mit dem Auto vor, so bieten alle Valet Parking an. Mitarbeiter des Hotels entladen das Fahrzeug und parken es auch. Es wird ein US-Dollar für diesen Service erwartet. Der Hotelmitarbeiter händigt dem Gast ein Ticket aus, welches man nach Möglichkeit nicht verlieren sollte. Möchte man sein Auto wieder haben, gibt man lediglich das Ticket ab und das Fahrzeug wird in Windeseile bereitgestellt. Auch hierfür sollte man wieder einen Dollarschein bereit haben.

Der Roomservice in den Hotels funktioniert selbstverständlich reibungslos. Man sollte jedoch daran denken, dass auch hier ein Trinkgeld erwartet wird, und dass meist die Steuern nicht inklusive sind.

In beiden Städten ist das Angebot an Hotels extrem groß, egal, ob man sich für eine günstige Herberge, Motel oder Luxusherberge entscheidet. Bei größeren Ketten haben wir oft die allgemeine Homepage angegeben. Durch weitere Klicks gelangt man auf das gesuchte Hotel in der Stadt, in der man wohnen möchte. Ohne Wertung stellen wir wenige Hotels näher vor, die anderen nur mit den Kontaktinformationen. In dieser Liste stellen wir nicht nur Hotels für den Geschäftsreisenden vor, sondern ebenso für den preisbewussten Touristen. Vorbildlich sind die Angebote für behinderte Menschen im Rollstuhl. Neben speziellen Parkplätzen gleich in der Nähe des Eingangs gibt es natürlich entsprechend eingerichtete Zimmer.

Hyatt-Regency Dallas

Zimmer im Hyatt Dallas

Wildcatter Ranch

Omni Hotel

Pool auf der Wildcatter Ranch

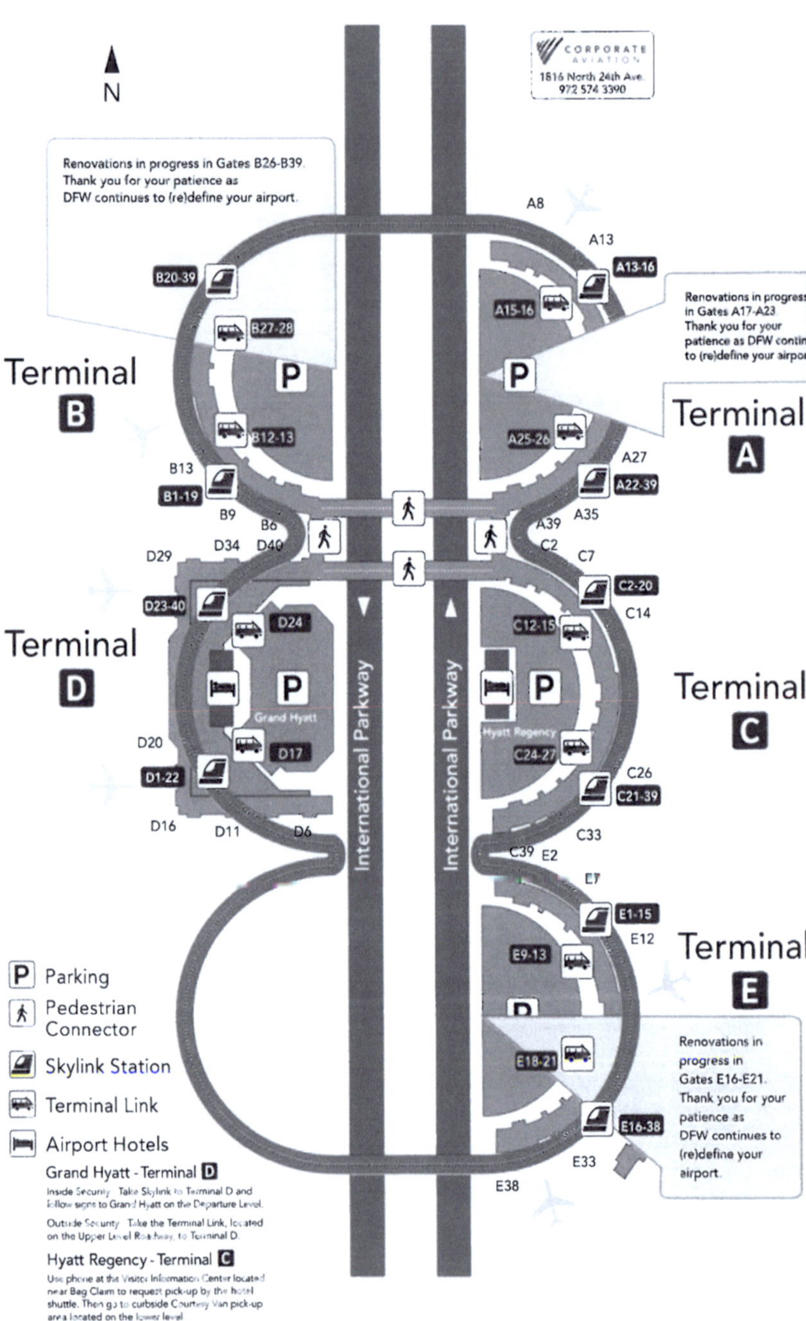

N
CORPORATE AVIATION
1816 North 24th Ave.
972 574 3390
Renovations in progress in Gates B26-B39.
Thank you for your patience as
DFW continues to (re)define your airport.
Renovations in progress
in Gates A17-A23.
Thank you for your
patience as DFW contin
to (re)define your airpor
Terminal B
Terminal A
Terminal D
Terminal C
Terminal E
A8
A13
A13-16
A15-16
A25-26
A27
A22-39
A35
A39
B20-39
B27-28
B12-13
B13
B1-19
B9
B6
D34
D40
D29
D23-40
D24
D17
D20
D1-22
D16
D11
D6
C2
C7
C2-20
C14
C12-15
C24-27
C26
C21-39
C33
C39
E2
E7
E1-15
E12
E9-13
E18-21
E16-38
E33
E38
Grand Hyatt
Hyatt Regency
International Parkway
International Parkway
Renovations in
progress in
Gates E16-E21.
Thank you for your
patience as
DFW continues to
(re)define your
airport.
Parking
Pedestrian
Connector
Skylink Station
Terminal Link
Airport Hotels
Grand Hyatt - Terminal D
Inside Security: Take Skylink to Terminal D and follow signs to Grand Hyatt on the Departure Level.
Outside Security: Take the Terminal Link, located on the Upper Level Roadway, to Terminal D.
Hyatt Regency - Terminal C
Use phone at the Visitor Information Center located near Bag Claim to request pick-up by the hotel shuttle. Then go to curbside Courtesy Van pick-up area located on the lower level.

FLUGHÄFEN

DFW – DALLAS FORT WORTH AIRPORT

2424 E. 38th St, DFW Airport, TX

Der internationale Flughafen DFW (Dallas/Fort Worth) befindet sich genau zwischen den beiden Städten und ist der Heimatflughafen von AA (American Airlines). Auch Lufthansa, Swiss und die AUA bedienen diese Strecke im Nonstop-Direktflug bzw. als Code Share. Den modernen Flughafen kann man nach der Ankunft im Terminal nach 30–40 Minuten bereits verlassen. Die enormen Wartezeiten an den Schaltern (Pass/Zoll) bei der Einreise wie bei anderen Flughäfen an der Ost- oder Westküste gibt es nicht. Geschäftsleute werden oft von ihren Partnern direkt nach der Zollabfertigung in Empfang genommen. Für anspruchsvolle Geschäftsleute stehen zahlreiche Limousinenservices zur Verfügung. Am besten bestellt man diese direkt über das gebuchte Hotel.

Fluggäste, die einen Mietwagen gebucht haben, können mit einem kostenlosen Shuttle-Service der Leihwagenfirmen direkt vor dem Terminal mit den Bussen zu den einzelnen Terminals gebracht werden. Die Fahrt dorthin beträgt circa zehn Minuten. Da der Airport 24 Stunden geöffnet hat, werden diese Dienste entsprechend angeboten. Folgende Leihwagenfirmen findet man dort: Advantage, Alamo, Avis, Budget, Dollar, Enterprise, Hertz, E–Z, National, Silvercar und Thrifty.

Taxen sind vor den Terminals A,B,C und E sowie im unteren Bereich von Terminal D ausreichend vorhanden. Eine Fahrt nach

Dallas (Innenstadt) kostet um 40 US$, nach Plano um 60 US$ und nach Fort Worth (Innenstadt) um 43 US$.

Die Busse der Firma DART (Dallas Area Rapid Transit) verkehren täglich alle 30–60 Minuten von 5–23 Uhr. Der Zubringerbus (man folgt den Piktogrammen) von den Terminals fährt von einem separaten Busterminal ab. Er ist kostenlos und fährt alle 15 Minuten. Ein Fahrschein für zwei Stunden kostet 2,50 US$. Für 5 US$ kann man eine Tageskarte erwerben.

Straßenbahnen der DART von Belt Line Station fahren u. a. in die Innenstadt von Dallas. Da man auch hier erst den Zubringerbus benutzen muss, und die Straßenbahn sehr lange unterwegs ist, ist der Bus eine gute Alternative.

Die Fahrt vom DFW Airport nach Dallas oder Fort Worth Downtown beträgt etwa 30–45 Minuten.

SHOPPING UND DUTY FREE

Edle Boutiquen, Fastfood Restaurants sowie große und kleine Geschäfte machen den Flughafen zu einem Einkaufserlebnis. Da der Terminal, von dem die AA, Lufthansa und andere Gesellschaften abfliegen, auch für den nationalen Flugverkehr benutzt wird, gilt es, hier einige Sonderregelungen zu beachten. In allen Geschäften müssen Sie den Zoll bezahlen, ausgenommen im etwas bescheiden wirkenden Duty Free Shop, gleich hinter der Sicherheitskontrolle. Außer Zigaretten, Alkoholika und Kosmetikartikeln wird dort jedoch nicht viel angeboten. Die Duty-Free-Ware wird erst kurz vor dem Besteigen der Maschine ausgehändigt. Die Quittungen sind daher gut aufzuheben!

FLUGHAFENHOTELS

Direkt im Flughafen gibt es zwei Hotels der Hyatt-Kette, die nicht nur von Transitreisenden, sondern auch von Geschäftsreisenden genutzt werden, da auch hier regelmäßig Mitarbeiterschulungen und Kongresse stattfinden.

Grand Hyatt DFW befindet sich im internationalen Terminal D und kann je nach Ankunft gut mit dem Skylink erreicht werden.

Grand Hyatt DFW
2337 South International Parkway,
DFW Airport, Texas, 75261-9045
Tel: +1 972-973-1234
Fax: +1 972-973-1299
E-Mail: qualitydfwgh@hyatt.com
www.granddfw.hyatt.com

Hyatt Regency DFW International Airport
2334 North International Parkway,
DFW Airport, Texas 75261
Tel: +1 972-453-1234
Fax: +1 972-615-6826
www.dfwairport.hyatt.com
Das mehrstöckige Hotel befindet sich im Terminal C.

TRANSPORTMITTEL

Wer als Geschäftsmann nach Dallas/Fort Worth reist, hat i. d. R. über seinen Partner die Arrangements getroffen, wie er von A nach B reist. Auf Geschäftsreise wird man sich vermutlich primär in

Downtown aufhalten, wo sich die meisten Firmen angesiedelt haben. Die meisten Wolkenkratzer sind unterirdisch miteinander verbunden, so dass man nicht in die Hitze muss. Ansonsten kann man sich immer ein Taxi rufen lassen.

Die Stadt Dallas verfügt über ein sehr dichtes Highway-Netz und die Baumaßnahmen sind immer noch nicht abgeschlossen. Erhebliche Staus in den Morgenstunden lassen sich nicht vermeiden. Auch nach der Rush Hour können aus dem Nichts plötzlich Staus und Unfälle entstehen. Ausfahrten (Exit) können innerhalb kürzester Zeit gesperrt werden. Daher ist es immer wichtig, genügend Zeit zwischen den einzelnen Meetings einzuplanen. In Downtown ist es ausgeschlossen, einen kostenlosen Parkplatz zu finden. Jedoch wird vom Partner oft darauf hingewiesen, wo man seinen Pkw parken kann. Die Preise sind jedoch recht hoch! Wer in der Innenstadt wohnt, kann seinen Leihwagen auch im Hotel lassen und zu Fuß gehen.

DART

Wer auf den öffentlichen Nahverkehr angewiesen ist, greift auf Dallas Area Rapid Transit (DART) zurück. Neben zahlreichen Bussen verkehren ebenso günstig die Straßenbahnen. Eine Tageskarte kostet 5 US$, ein 7 Days Pass 25 US$.

Leihwagen

Wer als Geschäftsreisender nach DFW reist und von seinem Geschäftspartner einen Fahrer mit Pkw zur Verfügung gestellt bekommt, muss sich um nichts weiter kümmern. Die meisten werden sich wohl einen Leihwagen nehmen müssen. Der nationale Führerschein aus Deutschland, Österreich und der Schweiz wird anerkannt. Einen internationalen Führerschein muss man für die USA nicht mehr vorher beantragen. Um einen Ansprechpartner bei möglichen späteren Unstimmigkeiten zu haben, sollte man seinen Wagen über ein deutsches Reisebüro oder einen deutschen Anbieter, der auch in den USA vertreten ist, buchen. Bucht man direkt vor Ort, so können enorme Steuern und Gebühren anfallen, die um ein Vielfaches höher liegen als die eigentliche Wagenmiete. Auch sollte man unbedingt vor Buchung bei seinem Kreditkartenanbieter nachfragen, welche Kfz-Auslandsversicherungen abgedeckt sind. Dies trifft jedoch selten bei Anbietern zu, die eine Kreditkarte kostenlos anbieten.

Navigationsgerät / GPS

Ein Navi wird in den USA einfach als GPS bezeichnet. Die Leihwagenfirmen bieten selbstverständlich auch ein GPS zur Miete an. Sie müssen dann jedoch mit bis zu 40 US$ pro Tag rechnen. Daher ist es empfehlenswert, sich die USA-Karten über sein Navi bereits im Heimatland zu laden. Diese Karten erhält man über den Hersteller des Navigationsgerätes gegen ein Entgelt. Ansonsten kann man sich auch in DFW ein gebrauchtes oder neues GPS kaufen. Für die meisten hier aufgeführten Sehenswürdigkeiten, Hotels, Museen und Restaurants etc. haben wir die vollständigen Adressen angegeben, die Sie in das GPS eingeben müssen.

Beispiel einer Adresse:
Sixth Floor Musem at Dealey Plaza
411 Elm St,
Dallas, Texas 75202

Zuerst gibt man in das GPS den Namen der Stadt ein

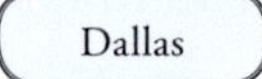

Dann gibt man die Hausnummer ein

Es folgt der Name der Straße

Zum Schluss der Eingabe erfolgt TX=Bundesstaat Texas und der ZIP Code, ähnlich unserer Postleitzahl

75202

Dann erscheint auf dem Display die vollständige Anschrift. Achtung: Es können auch verschiedene Einträge gefunden werden. Dann ist es unbedingt wichtig, dass man die Hausnummer und die ZIP vergleicht, um nicht in eine falsche Richtung bzw. an einen falschen Ort zu fahren.

Es scheint in DFW verschiedene Störfelder zu geben, in denen das GPS nicht richtig funktioniert bzw. es in die Irre führt. Daher sollte man das Display immer im Auge behalten und prüfen, ob die Straßennamen auch wirklich übereinstimmen. Manchmal ist eine Störung festzustellen, wenn man von der SF Ranch in Plano zurück nach Dallas möchte. Eine zweite Falle könnte der Rückweg von Ft. Worth zum Flughafen sein. Da man meist niemanden fragen kann, der kompetent Auskunft geben kann, fährt man am besten ein Hotel an. Dem Marriott Hotel in der Nähe des

Flughafens ist dieses Problem sehr bekannt und man ist Ihnen dort sehr gerne behilflich. Falls sich ein Problem mit dem GPS einstellen sollte, so schaltet man das Gerät einige Male aus (Off) und an (On). Die Leihwagen sind in den USA sehr bequem und bieten selbst in der günstigen Buchungsklasse viel Komfort.

Was alle haben, ist ein Automatikgetriebe. Die Umstellung ist jedoch relativ einfach. Leider ist es heutzutage so, dass selbst bei den renommierten Verleihfirmen – ausgenommen man bucht eine Luxuslimousine – niemand mehr da ist, der einem das Fahrzeug erklärt. Erstbesucher sollten sich daher vor Fahrtantritt mit dem Auto vertraut machen. I. d. R. werden die Fahrzeuge mit Regular betankt.

Folgende Buchstaben findet man in der Konsole des Automatikgetriebes zwischen den beiden Sitzen:

P: wenn man Parken möchte, bzw. das Fahrzeug abstellt. Des Weiteren benötigt man diese Einstellung, um den Wagen zu starten bzw. am Ende der Fahrt, um den Schlüssel zu ziehen
N: Leerlauf
R: Rückwärtsgang
D: muss man einstellen, um zu fahren

Bei 4WD (Vierradantrieb) gibt es noch weitere Einstellungen zu beachten, so zum Beispiel, wenn man einen steilen Berg hochfahren muss, bzw. über eine holprige Piste auf einer Farm fährt.

Straßen / Highways

Das Fahren auf den Highways ist ein wahres Erlebnis für jeden Autofahrer, auch wenn es strikte Höchstgeschwindigkeiten (Speed

Limits) gibt. Diese sind jeweils durch Schilder gekennzeichnet. Übertretungen werden sehr streng bestraft, auch wenn Sie wieder zu Hause sind, wird das Bußgeld noch nachträglich der Kreditkarte belastet. Der Verkehr speziell in Dallas ist in der Rush Hour extrem schnell. In Ft. Worth fährt man dagegen viel entspannter. In Texas ist es erlaubt, auch rechts zu überholen. Die Highways sind zum Teil kostenpflichtig. Das Schild Pay Road weist darauf hin. Es gibt jedoch keine Stationen mehr, an denen man bezahlen muss, sondern das geschieht über einen Sensor, der sich an der Frontscheibe befindet. Die entsprechenden Entgelte werden einige Wochen später, oft nach der Rückkehr, der Kreditkarte belastet. Freeways bedeutet, dass man für die Benutzung nichts zahlen muss. Oft gibt es neben der Highway auch eine Service Road, die zwar kostenlos ist, jedoch auch mit vielen Ampeln die Fahrt verlangsamt. Die großen Highways sind nach den Himmelsrichtungen gekennzeichnet, also North, West, East und South, so dass man sich einfacher zurechtfindet, wenn man weiß, wo das nächste Ziel ist. Bei den hier angegebenen Adressen ist zum Beispiel 100 S. Houston St angegeben, d. h. dass das Ziel im Süden der Houston Straße ist. Man kann daher der Ausschilderung S. Houston St folgen. In der Innenstadt können Rechtsabbieger auch bei Rot abbiegen, soweit es die Verkehrssituation zulässt. Den grünen Pfeil hat man eingespart.

Unfälle / Notruf

Ein Unfall ist sehr schnell passiert. Besonders auf den Highways in Dallas kann man dies stündlich beobachten. Man bewahrt Ruhe und setzt einen Notruf unter der Nummer 911 ab. Kompetent wird man innerhalb weniger Sekunden mit der entsprechenden Stelle verbunden. Aufpassen sollte man jedoch bei Personenschäden. Auch wenn man bei uns zur Ersten Hilfe verpflichtet ist, so kann bei unsachgemäßer Erstversorgung ein Schadenersatzprozess auf den Hilfegeber zukommen. Wenn man sich nicht sicher ist, so folgt man am besten den Anweisungen am Telefon, wie man sich verhalten soll. Dass die Gespräche mitgeschnitten werden, versteht sich von selbst. Bei kleineren Schäden am Fahrzeug fährt man am besten die nächste Station seines Anbieters an, um den Wagen umzutauschen. Ansonsten ruft man den Anbieter direkt an, der sich dann um die Angelegenheit kümmern wird.

Parkplätze

Das Problem mit den Parkplätzen gibt es wie bei uns. Besonders in der Innenstadt von Dallas müssen Sie werktags lange suchen. In Ft. Worth ist die Situation jedoch etwas entspannter. Auf keinen Fall sollten Sie Wertgegenstände, auch nicht das GPS, sichtbar im Auto liegen lassen.

Radio

Wer mit dem Auto unterwegs ist, sollte nach Möglichkeit immer das Radio angeschaltet haben, um den Verkehrsfunk abzuhören. Dies ist besonders in Dallas zu empfehlen. Neben fünf Sendern, die ausschließlich Country & Western-Musik spielen, gibt es auch einen Sender, der internationale Popmusik spielt. Fährt man jedoch einige 100 Meilen aus Fort Worth raus, können weniger Sender empfangen werden.

DAL - DALLAS AIRPORT

Love Field Terminal Building
8008 Cedar Springs Road, LB 16
Dallas, TX 75235

Der kleine, aber feine Airport Dallas Love Field befindet sich nur 7 Meilen von der Innenstadt von Dallas entfernt. Er wurde 1917 erbaut und war der erste Flughafen der texanischen Stadt. Der Nationale Flughafen wird primär von privaten Verkehrsmaschinen sowie von American Airlines, Southwest Airlines und Continental Express genutzt. Einige der Leihwagenfirmen sind selbstverständlich auch dort vertreten sowie auch Taxen.

AMERICAN AIRLINES

In DFW hat AA (American Airlines) seinen Sitz und ebenso das größte Drehkreuz überhaupt. AA ist einer der größten Arbeitgeber in der Region mit seinen insgesamt 60 000 Mitarbeitern, die weltweit im Einsatz sind. Trotz der starken Konkurrenz der Lufthansa und anderer US Airlines scheint es der Fluggesellschaft trotz aller Unkenrufe gut zu gehen. In den letzten Jahren wurden laut eigenen Aussagen 1 500 neue Flugbegleiter eingestellt. Dass sich das Personal bei AA wohl fühlt, merkt man an den etwas in die Jahre gekommenen Flugbegleitern auf den Strecken von Europa nach Dallas. Nichtsdestotrotz sind die Maschinen gerade auf der Strecke Frankfurt-Dallas fast immer ausgebucht. Einsparungen und der starke Konkurrenzkampf haben wahrscheinlich dazu geführt, dass alkoholische Getränke nicht mehr kostenlos angeboten werden. Neben Zukäufen anderer Fluggesellschaften wird die Flotte in den kommenden Monaten kontinuierlich ersetzt bzw. erweitert. www.aa.com

DALLAS™

BIG THINGS HAPPEN HERE

Die Skyline von Dallas Downtown

ARTS DISTRICT
Dallas Dance
"Arts Magnet" High School
Annette Strauss Artist Square
Winspear Opera House
Wyly Theatre
Morton H. Meyerson Symphony Ctr.
Nasher Sculpture Center
Belo Mansion
Klyde Warren Park
Dallas Museum of Art
Crow Collection of Asian Art
Trammell Crow Center
JP Morgan Chase Tower
Marriott
Plaza of the Americas
Heritage Way Park
Skyway Tower
Sheraton Dallas
Bryan Tower
One Dallas Center
Nations Bank Center
Aston Park
Majestic Theatre
1st City Center
Bank One Tower
Main Street Gardens
Continental Bldg
Federal Reserve
Perot Museum of Nature and Science
WOODALL ROGERS FWY
Fairmont Hotel
Fountain Place
Lincoln Plaza
Dallas World Aquarium
Akard Bldg
Arco Tower
D.A.R.T.
Thanksgiving Square
Thanksgiving Tower
Pacific Bldg
Elm Plaza
Renaissance Tower
Crowne Plaza
Bank of America Plaza
One Main Place
Bryan Log Cabin
WEST END
Pegasus Plaza
The Magnolia
Neiman Marcus
Adolphus Hotel
Bell Plaza
Greyhound
Earl Cabell Federal Bldg
Founders Square Park
J. Erik Jonsson Central Library
Dallas Police Memorial
Park Plaza
The Dallas Piece
Masonic Temple
Omni Dallas Hotel
A.M. Smith Federal Bldg
Pioneer Plaza
Pioneer Park Cemetery
Cattle Drive
City Hall
Black Academy of Arts & Letters
Dallas Convention Center
Dallas Memorial Auditorium
CONVENTION CENTER
CIVIC CENTER
Heliport
OLIVE
ASHLAND
FIELD
RIVER
AKARD
CEDAR SPRINGS
MCKINNEY AVE
N. HARWOOD
N. PEARL
BROOM
MUNGER
FLORA
CROCKETT
ROSS AVE
SALINA
ALLY
LEONARD
ST. PAUL
N. AKARD
SAN JACINTO
WENCHELL
FEDERAL
PEARL
LIVE OAK
BRYAN AVE
ERVAY
HARWOOD
N. GRIFFIN
SUMMERS
YEATS
MAGNOLIA
GRIFFIN
CORBIN
HORD
LAWS
LAMAR
PATTERSON
PACIFIC AVE
MARKET
AUSTIN
ELM
MAIN
COMMERCE
JACKSON
POYDRAS
FOUR WAY
STONE
POINT
LANE
S. ERVAY
PRATHER
WOOD
BROWDER
PARK
YOUNG
MARILLA
CEREMONIAL
CANTON
S. ST. PAUL
S. AKARD
CORSICANA
CADIZ
ST. LOUIS
HOTEL
GRIFFIN W
GRIFFIN E
366
354
30
67
45
46A

DALLAS

Dallas ist die drittgrößte Stadt im Bundesstaat Texas mit über 1,2 Millionen Einwohnern. Im allgemeinem spricht man auch von dem Großraum DFW (Dallas – Fort Worth), obwohl die beiden Städte sehr unterschiedlich sind. Aber die Stadt Dallas ist mehr als nur die weltbekannte TV-Serie.

Geschichtlich hat Dallas nichts Besonderes vorzuweisen, wie wohl die meisten Städte in den USA. Bis 1821 wurde hier sogar spanisch gesprochen, und Dallas trennte sich erst 1836 von Mexiko. Der Staat Texas wurde gegründet und blieb zunächst auch einige Jahre unabhängig.

Bedeutung erlangte die Stadt 1873, als zwei wichtige Bahnlinien aus Nord-Süd und Ost-West sich hier kreuzten. Die Zukunft von Dallas war nun gesichert. So entwickelte sich die Stadt als wichtiges Handelsumschlagszentrum für Drogerieartikel, Spirituosen, Bücher, Baumwolle und landwirtschaftliche Produkte. Bedingt durch den äußerst regen Handel siedelten sich im 20. Jahrhundert die ersten Banken an. Als man 1930 das erste Öl entdeckte, schien den Boom niemand mehr aufhalten zu können. Zwischen 1950 und 1960 wurde Dallas das drittgrößte Technologiezentrum der USA. Am 22. November 1963 wurde die Stadt anlässlich der Ermordung des US-Präsidenten John F. Kennedy weltberühmt. In den 1970er und 1980er Jahren erfuhr Dallas auf Grund der enormen Ölvorkommen einen wahren Boom. Zu diesem Zeitpunkt entstand durch renommierte Architekten die imposante Skyline. Ende der 1980er verlegte man einen Teil der Ölindustrie jedoch nach Houston und mit der Savings and Loan-

Krise brach kurze Zeit später die Wirtschaft der Stadt fast völlig zusammen. Ende der 1970er begann man schließlich mit den Dreharbeiten der TV Serie *Dallas*. Die Fernsehproduktion, die im wahrsten Sinne des Wortes um die Welt ging, machte die Stadt abermals selbst in einigen Ostblockstaaten bekannt.

Seit einigen Jahrzehnten ist Dallas das wichtigste Kongresszentrum Nordamerikas. Tagtäglich finden in den großen Hotels Mitarbeiterschulungen, Meetings und Kongresse statt. Grund hierfür ist die optimale geographische Lage in der Mitte der USA. Aber auch unter den Kunstliebhabern aus der ganzen Welt hat sich Dallas einen Namen gemacht. Es gibt unendlich viele Ausstellungen in der ganzen Stadt, in der nicht nur Künstler aus Texas sondern aus den gesamten USA ausstellen.

Außerdem ist die Stadt zweitgrößtes Zentrum der amerikanischen Computerspielbranche. Zahlreiche renommierte Studios und Firmen haben sich im Großraum DFW niedergelassen. Bedingt durch die amerikanische Wirtschaftskrise und der relativ stabilen Wirtschaft in Texas zogen viele US-Amerikaner von allen Teilen des Landes in diese Region. Wenn man heute auf den zahlreichen Highways in die Innenstadt von Dallas fährt, wirkt die Skyline, die man bisher nur aus der TV-Serie *Dallas* kannte, sehr imposant. Downtown, wie die Innenstadt auch genannt wird, wird beherrscht von zahlreichen Wolkenkratzern großer international operierender Firmen und Hotels. Am Rande sind jedoch noch einige „historische" Gebäude auszumachen. Neben vielen Restaurants und einigen Einkaufszentren gibt es nur sehr wenige Wohnhäuser. Eine Straßenbahnline und Busse der Firma DART fahren bis nach Downtown. Viele der Hochhäuser sind unterirdisch miteinander verbunden, so dass man auch werktags nur wenige

Menschen auf den Bürgersteigen sieht. Am Wochenende (Samstag und Sonntag) ist die Innenstadt sprichwörtlich ausgestorben. Dann sieht man tagsüber vielleicht noch einige Touristen, die sich ein Museum ansehen wollen, oder eine Kunstausstellung besuchen.

SEHENSWÜRDIGKEITEN

Dealey Plaza / The Sixth Floor Museum

Das aus roten Ziegelsteinen errichtete *Dealey Plaza* zählt wohl zu den bekanntesten Gebäuden der Vereinigten Staaten. Aus dem sechsten Stock des damaligen Lagers für Schulbücher schoss Lee Harvey Oswald am 22. November 1963 auf den US-Präsidenten John F. Kennedy.

Das 1940 errichtete Gebäude wurde nach dem ersten Herausgeber der Zeitung *The Dallas Morning News*, George B. Dealey (1859–1946), benannt. Es befindet sich an einer äußerst verkehrsgünstigen Stelle: drei Parallelstraßen (Main Street, Elm Street und Commerce Street) führen in die heutige Houston Street unter einer Bahnline hindurch. Dem Besucher werden auf der Houston Street, welche unmittelbar vor dem Gebäude entlang führt, zwei weiße Kreuze auf der Fahrbahndecke auffallen. Das erste Kreuz stellt die Stelle dar, an der der erste Schuss Kennedy traf. Das zweite Kreuz, nur wenige Meter weiter Richtung Unterführung, ist die Stelle, an der der Präsident den tödlichen Kopfschuss in der offenen Limousine bekam. Der Besuch des Präsidenten-Ehepaares wurde durch Filmaufnahmen und unzählige Fotos hinreichend dokumentiert und ist längst in die Geschichte der USA eingegangen.

Das Museum The Sixth Floor zieht seit seiner Eröffnung 1989 bis heute viele Besucher aus dem In- und Ausland an. Jährlich besuchen dieses Haus 340.000 Menschen. Unter ausländischen Besuchern zählt man die deutschen unter den Top 10. Bereits vor der Öffnungszeit versammeln sich die ersten Besucher. Gegenüber

Vom 6. Stock schoss der Attentäter Lee H. Oswald auf Präsident Kennedy

des Gebäudes befindet sich der große Souvenirshop des Museums mit zahlreichen Büchern über die Kennedys, guten Broschüren über das Museum sowie typischen Souvenirs. Im hinteren Teil befindet sich eine kleine Cafeteria.

Der eigentliche Eingang zum Museum befindet sich auf der linken Seite des Gebäudes, bei den Parkplätzen, die gegen eine Gebühr angeboten werden. Nachdem man die Eintrittskarte gelöst hat, bekommt mein einen Audio-Führer, der auch auf Deutsch angeboten wird. Man sollte jedoch nachfragen, damit das Gerät entsprechend eingestellt wird. Dann fährt man mit dem Fahrstuhl in die oberste Etage. Sehr authentisch mit allerhand originalen Dokumenten sowie originalen Filmbeiträgen werden die letzten Minuten Kennedys würdevoll dargestellt. Hinter einer Plastikscheibe, die fast bis unter die Decke führt, ist das Fenster, von dem Lee H. Oswald die beiden Schüsse auf den Präsidenten abgefeuert hat, zu sehen. Stellt man sich an das Fenster neben die Absperrung durch die Plastikwand, hat man einen sehr guten Blick auf die Straße, auf der Kennedy vorbeifuhr und erschossen wurde. Das erste Kreuz ist allerdings von diesem Fenster nicht erkennbar, da heute ein Baum die Sicht einschränkt.

Mit dem Audio-Führer kann man sich hervorragend durch das obere Stockwerk begeben und erhält somit wichtige Informationen. Auch werden Originalfilmaufnahmen davon gezeigt, wie wenige Tage nach dem Mord der mutmaßliche Täter Oswald auf der Polizeiwache erschossen wurde. Bis heute gibt es zahlreiche Verschwörungstheorien, wer die Hintermänner gewesen sein könnten. Das Museum hat sich daran jedoch nicht beteiligt. Ob wirklich einige Geheimdienste mit der Ermordung des amerikanischen Präsidenten John F. Kennedy in Verbindung ge-

Von den Kartons feuerte Oswald auf den Präsidenten Kennedy

bracht werden können, wird wohl nie geklärt werden. Der Rundgang mit dem Audio-Führer dauert etwa anderthalb Stunden und sollte für jeden Besucher der Stadt zum Pflichtprogramm gehören. Über diesem Stockwerk befindet sich der *Reading Room*, wo man sich noch eingehender mit der Biografie Kennedys befassen kann.

Sixth Floor Museum at Dealey Plaza
411 Elm St / Houston
Dallas, Texas 75202
Tel: 214-747-6660
www.jfg.org
Öffnungszeiten:
Montag von 12–18Uhr,
Dienstag bis Sonntag von 10–18 Uhr

Eintritt: 16 US$ für Erwachsene, 14 US$ für Rentner (+65 Jahre)

Links: das *Johm F. Kennedy Memorial Plaza*
Im Hintergrund: das *Old Red Courthouse*

John F. Kennedy Memorial Plaza

Zwischen der Main und Commerce Street, d.h. etwa 10 Minuten zu Fuß vom *Sixth Floor Museum*, befindet sich das John F. *Kennedy Memorial.* Die neun Meter hohen und 15 Meter breiten Betonmauern, die nach oben hin offen sind, wurden am 24. Juni 1970 errichtet. Der Architekt Philip Johnson symbolisiert mit diesem Design die Offenheit des damaligen Präsidenten. Es handelt sich jedoch nicht um das Grab Kennedys. Doch werden hier meist zum Todestag, wie auch direkt vor dem Museum, Blumen abgelegt. Es handelt sich um einen sehr würdevollen Platz. Auch wenn das eigentliche Grab leer ist, so sollte man die Erinnerungsplatte in der Mitte nicht betreten oder sich gar darauf setzen.

Old Red Courthouse

Das Rote Gerichtsgebäude wurde 1892 erbaut und zählt damit zu den wenigen original erhaltenen historischen Gebäuden der Stadt und ist heute ein vielbeachtetes Geschichts- und Kulturmuseum. Das Museum wird hauptsächlich von Schulklassen und Studenten der Stadt Dallas besucht, um eine Idee von der Geschichte zu bekommen. Das alte Gerichtsgebäude wurde durch viele private Geldgeber 2007 sehr aufwendig renoviert und konnte nur in der jetzigen Form erhalten bleiben.

Old Red Courthouse Museum
100 S. Houston St.
Dallas, Texas
Tel: 214-757-1949
www.oldred.org

Ausstellungen / Kunst

Wenn man die zahlreichen Kunstausstellungen in der Stadt sieht, wird einem bewusst, wie sehr die Texaner nicht nur an Kunst interessiert sind, sondern auch, dass es zahlreiche private Geldgeber gibt, die etliche Millionen in den Bau und die Architektur der Gebäude investieren. Geld scheint mitunter keine Rolle zu spielen. Die staatliche Unterstützung spielt dabei eine untergeordnete bis keine Rolle. Hier wundert es auch niemanden, dass in dem äußerst beliebten Cowboystadion nicht nur nationale Spiele mit den allerhöchsten Quoten ausgetragen werden, sondern dass in dem gleichen Stadion auf mehreren Etagen Kunst und Kunstobjekte den Betrachter in Erstaunen versetzen. Die Kunst macht auch auch nicht vor den kleineren und größeren Hotels Halt. Es werden jedoch nicht nur Künstler aus Texas und den USA gezeigt, sondern auch Künstler aus Deutschland stellen hier regelmäßig aus. Dallas ist ohne Zweifel ein Mekka für Kunstliebhaber. Welche Ausstellung man auch besuchen mag, sie sind alle sehr professionell und mit viel Liebe zum Detail angelegt. Teilweise wird für die Ausstellungen ein Eintrittsgeld verlangt. Aufgrund der enormen Quantität haben wir uns auf einen sehr kleinen Teil beschränken müssen, was jedoch nicht zwangsläufig eine Qualitätsauswahl bedeutet.

Trail Drive

In der Nähe des *Dallas Convention Center* befindet sich eine Skulpturengruppe des renommierten texanischen Bildhauers Robert Summers.

Die Skulpturen stellen eine Szene mit 50 Longhorns und drei Cowboys auf Pferden dar. Sie sind nicht nur lebensgroß dargestellt, sondern sehr aufwendig mit kleinsten Details versehen. Mit diesen Skulpturen, die zugleich auch die größten in Nordamerika sind, begann der Künstler 1992. Die Fläche von 17 000 Quadratmetern wurde von der Stadt Dallas zur Verfügung gestellt. Die reinen Kosten für die Ausstellung, nämlich 4,8 Mio. US$, wurden jedoch durch Spenden und private Geldgeber bereitgestellt.

Bishop Arts District

Dieser Stadtteil von Dallas zählt mit zu den ältesten und ursprünglichsten überhaupt. Neubauten sucht man hier vergebens. In den 1920ern gab es hier zahlreiche Lager und kleinere Geschäfte. Nur zehn Jahre später baute man hier sogar eine Straßenbahnlinie. Als man jedoch in den 1980ern Einkaufszentren in Dallas baute, verlor dieser Stadtteil immer mehr an Bedeutung. Menschen, die es sich leisten konnten, zogen weg. Erst zu Beginn unseres Jahrtausends entdeckte ein Investor den Stadtteil neu und ließ viele Häuser renovieren. Da es in dieser Zeit auch relativ günstigen Wohnraum und Geschäfte gab, haben sich Künstler und kleine Werkstätten ansiedeln können. So gibt es heute

Trail Drive der Longhorns

an die sechzig hippe und ausgefallene Läden, wo Künstler und Handwerker ihre Produkte im Hinterzimmer selbst herstellen sowie viele kleine Restaurants und Bars. Besonders an den Wochenenden ist immer viel los. Wer es sich einrichten kann, sollte sich das Viertel lieber an einem Werktag ansehen. Dann ist es auch einfacher, einen Parkplatz zu finden. Die Geschäfte haben selbstverständlich sieben Tage die Woche geöffnet. Hier befindet sich auch das *Lockhart Smoke House.*

Im *Bishop Arts District* werden oft auch Veranstaltungen angeboten. Man informiert sich am besten über die HP www.bishopartsdistrict.weebly.com oder lässt sich einfach überraschen.

Anfahrt (Beispieladresse)
Boomers on Bishop
504 N. Bishop
Dallas, TX 75208

Reunion Tower

Der *Reunion Tower* befindet sich in unmittelbarer Nähe des *Hyatt Regency* am Reunion Boulevard und ist schon von weitem zu sehen. Der Turm wurde bereits am 15. April 1978 eröffnet, aber bis September 2013 renoviert (die Arbeiten kosteten 23 Millionen US$) und ab Oktober desselben Jahres der begeisterten Öffentlichkeit wieder zur Verfügung gestellt. Mit seinen 171 m ist der Dallas-Turm nicht nur der höchste in Dallas, sondern in ganz Texas. Ein Expressaufzug befördert die Besucher innerhalb von 68 Sekunden in das entsprechende Stockwerk. Den oberen Teil nennt man auch den Turmkorb, der sich aus drei Etagen zusammen setzt. Das Aussichtsgeschoss befindet sich im ersten Stockwerk und gibt dem Besucher einen fantastischen Panoramablick auf die Skyline von Dallas (Innenstadt) mit ihren zahlreichen Wolkenkratzern. Im zweiten Geschoss befindet sich das Drehrestaurant, welches sich in einer Stunde um seine eigene Achse dreht. Über diesem befindet sich ein elitärer Club, den man jedoch als Nichtmitglied nicht besuchen kann.

Der *Reunion Tower* ist nicht nur eines der Wahrzeichen der Stadt Dallas, sondern wurde auch in zahlreichen bekannten Hollywood-Produktionen gezeigt.

Öffnungszeiten:
Montag-Donnerstag von 10–22 Uhr
Freitag von 10– 23.30 Uhr
Samstag von 9.30–23.30 Uhr
Sonntag von 9.30–22 Uhr

Eintritt: 16 US$

Reunion Tower
300 Reunion Boulevard East
Dallas, TX 75207
www.reuniontower.com

Dallas Arts District

Für Kunstliebhaber ist der *Dallas Arts District* das reinste Paradies. Großflächig breiten sich hier Museen, Opernhäuser und Ausstellungen aus. Dass sich die Gebäude architektonisch im modernsten Design darstellen, versteht sich fast von selbst. Erstaunlich ist auch, wie stark frequentiert der Stadtteil im Nordwesten von West End Dallas ist. Sollte daher Zeit an den Werktagen sein, so sind diese Tage empfehlenswert. Die Ausstellungen haben alle unterschiedliche Öffnungszeiten. Teilweise muss man eine Eintrittskarte lösen. Der *Arts District* zählt zu einem der größten in ganz Nordamerika.

Nasher Skulpturen-Zentrum (Nasher Sculpture Center)

Raymond und Patsy Nasher haben bereits in den 1950er Jahren angefangen, Skulpturen zu sammeln, nach einer Reise nach Mexiko. Neben der Sammelleidenschaft aus einigen lateinamerikanischen Ländern entdeckten die beiden in den späten 1960ern auch die Qualitäten von US-amerikanischen Künstlern. Den sehr wohlhabenden und leidenschaftlichen Sammlern und Unterstützern der Kunst haben wir nicht nur das Skulpturen-Zentrum in Dallas zu verdanken, sondern auch das *Nasher Museum of Arts* in Durham (Nord Carolina).

Nasher Sculpture Center
2001 Flora St
Dallas, TX 75201

www.nashersculpturecenter.org

Öffnungszeiten:
Dienstag bis Sonntag von 11–17 Uhr
Eintritt: 10 US$

Dallas Museum of Art

Dieses Kunstmuseum ist wohl mit Abstand das älteste der Stadt und zeigt heute über 23 000 Artefakte aus der ganzen Welt, die auf vier Etagen verteilt sind. Jährlich wechselnd werden dort auch höchst interessante Sonderausstellungen gezeigt. Bei Interesse empfiehlt sich ein Blick auf die Homepage.

Dallas Museum of Art
1717 North Harwood
Dallas, TX 75201
www.dallasmuseumofart.org

Öffnungszeiten:
Dienstag und Mittwoch von 11–17 Uhr
Donnerstag von 11–21 Uhr
Freitag bis Sonntag von 11–17 Uhr
Eintritt: frei

Perot Museum

Das Wissenschafts- und Naturkundemuseum ist ein sehr interessantes Haus für Kinder und Jugendliche. Auch ist das Gebäude für architektonisch Interessierte durchaus zu empfehlen.

Perot Museum
2201 N. Field St
Dallas, TX 75201-1704

Öffnungszeiten:
Montag bis Samstag von 10–17 Uhr
Sonntag von 12–17 Uhr

Eintritt: 15 US$

African-American Museum
Wie der Name schon verrät, befasst sich dieses bedeutende Museum mit der afroamerikanischen Geschichte und Kultur der Stadt Dallas. Neben einer kleinen Sammlung von afrikanischen Skulpturen, Masken und Textilien werden Gemälde und Bilder gezeigt.

African American Museum
3536 Grand Avenue
Dallas,TX 75210
www.aamdallas.org

Öffnungszeiten für geführte Touren:
Dienstag bis Samstag von 10–15.30 Uhr
Sonntag von 12–15.30 Uhr

Eintritt: 5 US$

Oper

Dank der sehr großzügigen Unterstützung von Margot und Bill Winspear sowie vielen kleineren und größeren Geldgebern entstand dieses einmalig schöne Haus mit sehr guter Akustik. Vielleicht standen die größten Geldgeber in einem gewissen Konkurrenzkampf, wer wohl das meiste Geld spendet und das schönste und architektonisch wertvollste Gebäude bauen lässt. Bei der Vielzahl der wirklich sehr außergewöhnlichen Architekturjuwelen fällt es dem Betrachter schwer, noch irgendwelche Superlative zu finden. Dass hier die teuersten Materialien verwendet wurden, versteht sich fast von selbst. Aufgrund der sehr guten Holzqualität der Fußböden und Decken ergibt sich für den Zuhörer ein einmaliges Klangerlebnis. Wen wundert es da noch, dass die Oper fast ständig ausverkauft ist. Auch wenn keine Aufführung stattfindet, kann man sich von der Qualität selbst überzeugen. Über aktuelle Aufführungen informiert man sich über die Homepage bzw. über die lokale Presse in DFW.

Margot and Bill Winspear Opera House
2403 Flora St
Dallas,TX 75201
www.dallasopera.org

AT&T Cowboy Stadium

Das 2009 eröffnete *Cowboy Stadium* ist das wohl bekannteste in Nordamerika, mit einer Kapazität von 100 000 Zuschauerplätzen. Hier fand u. a. der *Super Bowl* 2011 statt, ein mediales Ereignis, das wohl seinesgleichen sucht. Zu Beginn des Großereignisses sang die US-Sängerin Christina Aguilera die Nationalhymne vor ausverkauftem Haus und Millionen von Zuschauern in den ganzen USA. Aber auch wenn nicht der *Super Bowl* stattfindet, ist das Stadion immer gut besucht, auch an Tagen, wenn keine Spiele stattfinden.

Von Dallas erreicht man das in Arlington gelegene Superstadion in etwa 20 Minuten. Parkplätze sind ausreichend vorhanden. Aber auch wer sich für Kunst interessiert, wird sich wundern, was hier an qualitativ hochwertigen Kunstwerken ausgestellt wird. Hier haben auch deutsche Künstler ausgestellt. Sehr beliebt bei den Amerikanern ist der große Andenkenladen.

Führungen machen es möglich, einen Blick in das Innere des Stadions zu werfen und sich die Kunstgegenstände genauer zu betrachten. Es empfiehlt sich jedoch, an einem Werktag dem Stadion einen Besuch abzustatten. Bei Wettkämpfen ist fast kein Durchkommen mehr. Über Spiele informiert man sich am besten über die Homepage.

AT&T Stadium
900 E. Randol Mill Road
Arlington, TX 76011
www.stadium.dallascowboys.com

Öffnungszeiten (mit Führungen):
Montag bis Samstag von 9–16 Uhr
Sonntag von 11–16 Uhr
(Bei Spielen finden keine Führungen statt.)

Eintritt:
17,50 US$ (nur bei Reservierung über das Internet)
24 US$

Dallas Zoo

Beliebt über alle Generationen hinweg ist der 1888 eröffnete Zoo in der Stadt. Besonders an den Wochenenden ist der sehr schön angelegte Zoo bei Familien beliebt.

Dallas Zoo
650 S. R.L. Thornton Freeway
Dallas,TX 75203
www.dallaszoo.com

Öffnungszeiten:
täglich von 9–17 Uhr

Eintritt:

Januar und Februar	5 US$
März bis Mai	15 US$
Juni bis Dezember	12 US$

Grünanlagen und Parks

Dallas ist eine ausgesprochen grüne Stadt, mit vielen Wiesen, Parkanlagen, vielen Kunstobjekten und Springbrunnen. Alle Anlagen sind sehr gut gepflegt und für die Menschen geschaffen, die Ruhe und Entspannung in der sonst so hektischen Stadt suchen. Die Grünflächen dürfen betreten werden.

Klyde Warren Park

In der sehr schönen Anlage machen sich die Einwohner fit für den Tag. Daher ist er schon relativ früh am Morgen geöffnet und man sieht viele Menschen, die sich dort vor Arbeitsbeginn sportlich betätigen. Neben den Fitnesswegen können sich auch Radfahrer sportlich betätigen. Für die Kleinsten gibt es einen Spielplatz. Fast täglich gibt es abwechslungsreiche Programme wie Yoga und Musikveranstaltungen. Über die wechselnden Veranstaltungen informiert man sich auf der hier angegebenen Homepage. Aber auch in der Mittagspause füllt sich der Park wieder. Hier gibt es dann auch wieder die *Food Trucks*, um den Hunger zwischendurch zu stillen.

Öffnungszeiten:
täglich von 6–23 Uhr

Eintritt: frei

Klyde Warren Park
2012 Woodall Rodgers Fwy
Dallas, TX 75201
www.klydewarrenpark.org

Mittagspause im *Klyde Warren Park*

HOTELEMPFEHLUNGEN

Hilton Anatole
2201 N Stemmons Freeway,
Dallas, TX 75207
Tel:214-748-1200
www.hilton.com

Das aus zwei Gebäuden bestehende riesige Hotel befindet sich verkehrsgünstig nur circa 20 Minuten vom DFW Flughafen entfernt an der Stemmons Freeway. Von der 35 E kommend nimmt man die Ausfahrt Market Center rechts. Da das Hotel auch über zwei Rezeptionen verfügt, die 1000 m auseinander liegen, sollte man bei Buchungsbestätigung nachfragen, in welchem Gebäude man untergebracht ist. Zahlreiche Parkplätze sind vorhanden. Beide Lobbys sind der Größe des Hotels angepasst.

Die Zimmer sind relativ groß und modern und haben internationalen 5*-Charakter. Von den Zimmern hat man einen tollen Blick auf die 10 Minuten entfernt liegende Skyline (Innenstadt) von Dallas. Alle Zimmer sind, trotz verkehrsgünstiger Lage, sehr ruhig. Wer im hinteren Gebäude wohnt, nimmt das Frühstück jedoch im vorderen Hotel im Erdgeschoss ein, oder lässt sich sein Frühstück aufs Zimmer bringen.

In dem Hotel finden fast permanent große Kongresse statt. Das ideale Hotel für den Geschäftsreisenden, der am Abend seine Ruhe haben möchte und schnell wieder zum Flughafen kommen will.

Hyatt Regency
300 Reunion Boulevard
Dallas, Texas, 75207
Tel: 214-651-1234

Die Lage des Hotels könnte für Geschäftsreisende sowie Touristen nicht besser sein. Zu Fuß ist man in etwa 10 Minuten am Deyley Plaza, dem Convention Center und in der eigentlichen Innenstadt. Hier werden nicht nur Kongresse abgehalten, sondern das Hyatt Regency gehört mit seinen 1120 Zimmern zu den größten Hotels der Stadt. Die Zimmer sind sehr modern ausgestattet, der Lobby-Bereich wirkt großzügig mit Restaurants und Coffeeshops. Aufgrund der Größe des Hauses nimmt man sehr gerne den ausgezeichneten Room-Service in Anspruch.

Viele Firmen nutzen die hervorragenden Angebote, um direkt im Haus die Meetings abzuhalten. Dass es hier einen mehrsprachigen Sekretariatsservice gibt, versteht sich von selbst. Aber auch

Hyatt-Regency Hotel, Dallas

die Touristen werden sich in dem 5*-Hotel besonders wohlfühlen. Zur Entspannung steht neben einem Pool auch das Fitness Center 24 Stunden zur Verfügung. Wer nicht zu Fuß in die Stadt gehen will, kann den hoteleigenen Bus benutzen (Montag bis Freitag).

Omni Dallas Hotel
555 S. Lamar
Dallas, Tx 75202
Tel: 214-744-6664
www.omnihotels.com

Magnolia Hotel Dallas
1401 Commerce St
Dallas, TX 75201
Tel: 214-915-6500
www.magnoliahotels.com

Fairfield Inn (Marriott)
2110 Market Center Boulevard
Dallas, TX 75207
Tel. 214-760-8800
www.fairfieldinndallashotel.com

Aloft Dallas Downtown
1033 Young St
Dallas, TX 75202
Tel: 214-761-0000
www.aloftdallasdowntown.com

Adolphus Hotel
1321 Commerce St
Dallas, TX 75202
Tel: 214-742-8200
www.hoteladolphus.com

Nylo Dallas South Side
1325 S Lamar St
Dallas, TX 75215
Tel: 214-421-1080
www.nylohotels.com

Rosewood Crescent Hotel
400 Crescent Court
Dallas,TX 75201
Tel: 214-871-3200
www.rosewoodhotels.com

Le Meridien Dallas, The Stoneleigh
2927 Maple Avenue
Dallas, TX 75201
Tel: 214-871-7111
www.lemeridiendallasstoneleigh.com

Hard Rock Cafe
2211 N Houston St.
Dallas, TX 75219
www.hardrock.com

Öffnungszeiten: täglich von 11–24 Uhr

SHOPPING

Bedingt durch den günstigen Wechselkurs zum US$ sind die USA zum reinsten Shopping-Paradies geworden. Elektroartikel und Markenkleidung kann man dort preisgünstig erstehen. Jedoch sollte man bei aller Euphorie auch an den Zoll im Heimatland denken. Die Zöllner auf den Flughäfen in Zürich, Wien und Frankfurt wissen, dass oft Waren über dem erlaubten Wert in die EU bzw. in die Schweiz eingeführt werden. Flugreisende dürfen zollfrei einen Warenwert von 430 € bzw. 300 CHF einführen (bei Kindern unter 15 Jahren 175 €). Siehe auch S. 136 Zoll. Es gibt in Dallas eine Vielzahl von Einkaufszentren (Malls), die auch teilweise um einiges größer sind als bei uns in Europa. Parkplätze sind an den Malls ausreichend und kostenlos vorhanden. Neben dem Einkaufsvergnügen werden Sie dort auch kulinarisch bestens versorgt.

Die Preise in den Restaurants sind durchaus als günstig zu bezeichnen. Auch dort kann man selbstverständlich mit der Kreditkarte bezahlen. Ebenso findet man fast immer einen größeren Kinokomplex. In den Einkaufszentren findet man neben einigen auch bei uns bekannten Handelsketten (H&M) Läden, in denen man auch sehr günstig Designerkleidung kaufen kann. Auch die Luxus- und Edelmarken sind vertreten.

Die Öffnungszeiten der Einkaufszentren sind i. d. R. wie folgt:
Montag bis Samstag von 10–21 Uhr
Sonntag von 12–18 Uhr

North Park Center
8687 N. Central Expressway
Dallas, TX 75225
www.northparkcenter.com

Galleria Dallas
13350 Parkway
Dallas,TX 1635
www.galleriadallas.com

Highland Park Village
47 Highland Park Village
Dallas, TX 75205
www.hpvillage.com

Target
212 Medallion Shop Ctr
Dallas, TX
www.target.com

West Village
3699 McKinney Ave.
Dallas, TX 75204
www.westvillagedallas.com

Bulgari
86787 N. Central Expressway, Dallas, TX 75225

Grand Prairie Premium Outlets
2950 W. Intersate 20
Grand Prairie, TX 75052
www.premiumoutlets.com

Pink´s Western Wear
2475 N. Stemmons Freeway
Dallas, TX 75207

Cowboy Cool
3699 McKinney Ave.
Dallas, TX 75201
www.cowboycool.com

Das Anwesen mit der Villa soll
Dr. Pepper (Getränkehersteller) gehören

PLANO

Plano ist eine Kleinstadt circa eine Stunde von Dallas entfernt. Die 270 000 Einwohner gelten als die reichsten der USA mit einem durchschnittlichen Jahreseinkommen von über 85 000 US$. Ebenso ist sie eine der sichersten Städte Amerikas. Sie ist selbstverständlich durch DART von und mit Dallas optimal vernetzt. Plano gehört zum DFW-Großraum. Viele internationale Firmen (u.a. Dr. Pepper, Siemens, Pizza Hut etc.) haben sich hier angesiedelt. Die Lebensqualität, so die Stadtherren, sei hier besonders groß. Neben Ölfirmen ist ebenso die IT-Branche sehr stark vertreten und trägt zum Erfolg der Stadt bei. Nicht unerwähnt bleiben darf, dass sich hier natürlich auch die legendäre SF Ranch befindet.

SF
SouthFork®
RANCH
DALLAS TEXAS

Die *Southfork Ranch* ist die bekannteste Ranch weltweit

DIE SOUTHFORK RANCH

Southfork Ranch
3700 Hogge Road
Parker, TX 75002
Tel: 972-442-7800
www.southforkranch.com

Die Ranch ist wohl die bekannteste in der ganzen Welt. Als die Filmproduktionsfirma Lorimar die ersten Aufnahmen auf der SF drehten, konnte niemand ahnen, wie erfolgreich die Serie nicht nur in den USA sein wird, sondern in der ganzen Welt. Selbst in einigen der damaligen Ostblockstaaten wurde der Film um den Bösewicht JR Ewing gezeigt, um darzustellen, wie schrecklich die kapitalistische Welt doch sei.

Wie alles begann

Die Ranch wurde 1970 von JR Duncan für sich und seine Frau Natalie und die drei Söhne gebaut. JR Duncan war sehr erfolgreich in der Zucht von edlen Pferden. So verkaufte er u. a. an John Wayne ein Pferd für 1 Million US$. Für die Familie war das Anwesen als Altersruhesitz gedacht.

Angefangen hatte die TV Serie jedoch einige Meilen außerhalb der SF Ranch bei Plano. Der damalige Regisseur war jedoch mit den Außenaufnahmen nicht zufrieden und so fand man rein zufällig später diese Ranch. Mit der Produktionsfirma Lorimar war sich JR Duncan schnell einig. Wie sich später herausstellen sollte, war es zumindest für den richtigen JR ein großer Fehler gewesen. Da es in den Sommermonaten ohnehin viel zu heiß war, legte man vertraglich fest, dass hier die Außenaufnahmen stattfinden können. Die Familie Duncan verbrachte die ersten Som-

Vor dem Kamin tranken in fast jeder Folge JR und Co ihren abendlichen Bourbon

mer ab 1978 nicht mehr in Texas, sondern zog erst wieder nach Ende der Dreharbeiten auf *SF* ein. Für die Schauspieler und auch die gesamte Produktionsarbeit war es jedoch nicht ganz einfach. Die Schauspieler wie zum Beispiel Linda Gray tauchten bei weit über 40° Celsius nun plötzlich im Pelzmantel auf. Die meisten Aufnahmen fanden jedoch in den Studios in Kalifornien statt. Lediglich die Pool-Szenen und die Frühstückszenen wurden hier gedreht. Nachdem die ersten Staffeln im US-TV ein riesiger Erfolg wurden (erst später verkaufte Lorimar die Filmrechte weltweit weiter), zeigte sich der Nachteil für die Familie Duncan. Zufälligerweise hieß der tatsächliche Eigentümer der Ranch wirklich JR und stand auch so im Telefonbuch. Man kann sich vorstellen, was die Familie, die dort wirklich wohnte, durchmachen musste. Als sich 1980 auch noch die ersten „Dallas-Fans" illegalen Zutritt auf die Ranch verschafften, in den Swimmingpool sprangen und durch die Fenster schauten, um einen Blick auf den Bösewicht JR Ewing zu erhaschen, verkaufte JR Duncan das gesamte Anwesen für 7 Millionen US$. Fast zehn Jahre hatte die Familie glücklich und zufrieden gelebt, doch nach der weltweiten Ausstrahlung war nicht nur der Familienfrieden erheblich beeinträchtigt, sondern die Duncans fühlten sich nicht mehr sicher.

Seit 1984 war dann *SF* im Besitz des texanischen Ölmagnaten Terry Trippitt. Dieser erkannte sehr schnell das Potential der Ranch, schloss wieder Verträge mit der Lorimar, legte Parkplätze für Besucher an und organisierte die ersten privaten Veranstaltungen auf *SF* mit sehr großem Erfolg. Nun fanden auch innerhalb des Haupthauses Filmaufnahmen statt. Terry Trippitt pokerte jedoch zu hoch. Bei einem Öldeal setzte er die *SF Ranch* als Sicherheit ein und verlor 1990 nicht nur die Ranch, sondern sein ganzes Vermögen. Nur ein Jahr später stellte Lorimar die Produktion ein. 1992 kaufte der bei Forbes gelistete Rex Maughan das Anwesen. Über die tatsächlich bezahlte Summe gibt er keine Auskunft. Neben der *SF Ranch* gehören ihm die *Forever Living Productions*, zahlreiche Hotels und Resorts in den USA sowie

Im Miss Elli´s Deli gibt es täglich frisch zubereitete Hamburger

weltweit. Heute steht die *SF Ranch* auf sehr solidem Fundament, dank des milliardenschweren Investors Maughan.

Das Anwesen zählt jährlich an die 250 000 Besucher nicht nur aus den USA, sondern aus der ganzen Welt. Ebenso sind die Besucherzahlen aus Europa sehr erfreulich. Neben englischen Touristen sind Besucher aus Deutschland, Österreich und der Schweiz fast täglich anzutreffen. Man kann die Ranch nicht nur besichtigen, sondern einige wohlhabende Texaner können diese auch für private Feiern oder auch Kongresse mieten. Heute ist die *SF* ein Millionengeschäft für den neuen Eigentümer.

Auch wenn die Dreharbeiten der neuesten Staffel von Dallas auf dem Gelände stattfinden, wird dieses nicht geschlossen, sondern steht den Besuchern selbstverständlich offen, wenngleich natürlich einige Bereiche abgesperrt werden müssen. Ob die Dreharbeiten bzw. die Folgen auch ohne Larry Hagman so erfolgreich werden, wird die Zuschauerquote entscheiden. Nichtsdestotrotz bleibt auch in Zukunft die Ranch den Besuchern erhalten.

Rundgang

Viele vermuten, dass sich *SF* in der Stadt Dallas befindet, dem ist jedoch nicht so. Sie befindet sich eine knappe Autostunde von Dallas in Plano.

Man kann entweder über einen kostenlosen Shuttlebus vom Southfork Hotel oder mit dem Leihwagen anreisen. Ausreichend Parkplätze sind vorhanden. Man trifft zunächst im Besucherzentrum ein, ohne auch nur einen Blick auf die Ranch zu erhaschen. In dem Eingangsbereich befindet sich auch der Ticketschalter neben einem sehr großen Andenkenladen.

Elena´s Cottage wurde erst vor einigen Jahren von der Filmproduktionsfirma gebaut

Zunächst kann man ein kleines Museum gleich im Gebäude ansehen. Hier werden zu einem großen Teil Originalrequisiten aus der Serie ausgestellt und es wird an den Hauptdarsteller Larry Hagman, bekannt als JR Ewing, erinnert. Auf einigen Monitoren kann man sich sehr interessante Interviews bzw. Filmbeiträge der Schauspieler ansehen.

Ein nostalgisch anmutender Wagen fährt dann die Gäste zunächst zu dem „Haus" (Cottage) der Serienfigur (ab 2012) Elena Ramos (Jordana Brewster). Dieses kleine Gebäude wurde von Hollywood gebaut und eingerichtet. Hier fanden die Originaldreharbeiten 2011 statt.

Dann geht es weiter direkt zum Hauptgebäude. Viele Besucher sind immer wieder erstaunt darüber, wie mächtig und groß das

Haus im Fernsehen wirkt. Hier finden auch Führungen und eine kurze Einführung statt.

Für den Hunger zwischendurch ist selbstverständlich auch gesorgt: Miss Ellie's Deli, im texanischen Stil, bietet neben Erfrischungen auch kleinere Happen an.

Tipp: Das richtige SF-Gefühl bekommt man wohl nur auf dem Rücken eines Pferdes. Möchten Sie auch mal über die Ranch mit einem sehr guten Pferd gemütlich reiten, so wie einst Larry Hagman, Linda Gray und Patrick Duffy? Der Ausritt über die Ranch dauert etwa eine Stunde und lässt das SF-Gefühl so richtig aufkommen. Auch geeignet für Anfänger. Man sollte sich hierfür jedoch gleich anmelden, wenn man seine Eintrittskarte kauft.

HOTELEMPFEHLUNGEN

Southfork Hotel
1600 N. Central Expressway
Plano 75074
www.southforkhotel.com

Wie der Name schon verrät, gehört das *Southfork Hotel* zur Forever-Gruppe, zu der selbstverständlich auch die Ranch gehört. Das Hotel befindet sich zwar verkehrsgünstig an einer sehr stark befahrenen Highway (Dallas-Plano), jedoch ist vom Verkehrslärm im gesamten Haus nichts zu hören. Beim Betreten des aus 230 Zimmern bestehenden Hotels wird man gleich auf die *SF Ranch* eingestimmt. Nicht nur, dass an der Rezeption in Dauerschleife die TV-Folge abgespielt wird, sondern es wirkt typisch rustikal texanisch. Hinter und vor dem Hotel stehen dem Gast aus-

Sehr rustikal präsentiert sich das Southfork Hotel

reichend Parkplätze kostenlos zur Verfügung. Die Zimmer des 3*-Hotels mit Pool, Frühstücksraum, Restaurant und kleinem Souvenir-Shop sind zweckmäßig eingerichtet. Wer sich die Ranch ansehen möchte, ist in diesem Hotel sehr gut aufgehoben, da man über die Homepage ein komplettes Paket buchen kann. Ein hoteleigener Transferbus fährt die Gäste auf die 15 Minuten entfernte Ranch. Wer mit den öffentlichen Verkehrsmitteln (DART) anreist, der findet in der Nähe des Hotels gleich eine Straßenbahnhaltestelle. In der Nähe gibt es einige Einkaufszentren und Restaurants.

Wer mit dem Leihwagen anreist und dann auf die Schnellstraße fährt, sollte besonders wachsam sein! Verlässt man das Gelände des Hauses, so kommt man direkt auf eine sehr schnell befahrene Service Road, die parallel zur Schnellstraße verläuft. Man nimmt dann die erste Auffahrt und gelangt somit auf die eigentliche Highway.

Hyatt Place
3100 Dallas Parkway
Plano, Texas, USA, 75093
Tel: +1 972-378-3997
www.dallasplano.place.hyatt.com

4709 West Plano Pkwy.
Plano, TX 75093 (Directions)
Tel: 972-596-9966
www.extendedstayamerica.com
Email: PNO@extendedstay.com

SUPER 8 PLANO
1704 N Central Expressway, Hwy 75 to 15th St Exit,
Plano, TX 75074-5729 US
www.super8.com

ALOFT PLANO
6853 North Dallas Parkway
Plano, TX 75024 USA
Tel: 214-474-2520
www.aloftplano.com

Hampton Inn Plano-North Dallas
4901 Old Sheppard Place,
Plano, Texas, 75093
www.hamptoninn3.hilton.com

DAYS INN DALLAS PLANO
2101 N Central Expressway,
Plano, TX 75075
www.daysinn.com

Comfort Suites (TXB02)
2301 E Pres George Bush Hwy, Plano, TX, US, 75074
Tel: 469-429-0700
www.comfortsuites.com

Motel 6 Dallas - Plano - Southeast #4851
1820 N Central Expwy
US-75 and 18th Street
Plano TX 75074
Tel: 972-423-1300

Candlewood Suites Dallas-Plano
4701 Legacy
Plano, TX 75024
www.ihg.com

FORT WORTH
CITY OF COWBOYS AND CULTURE

Die Skyline von Fort Worth

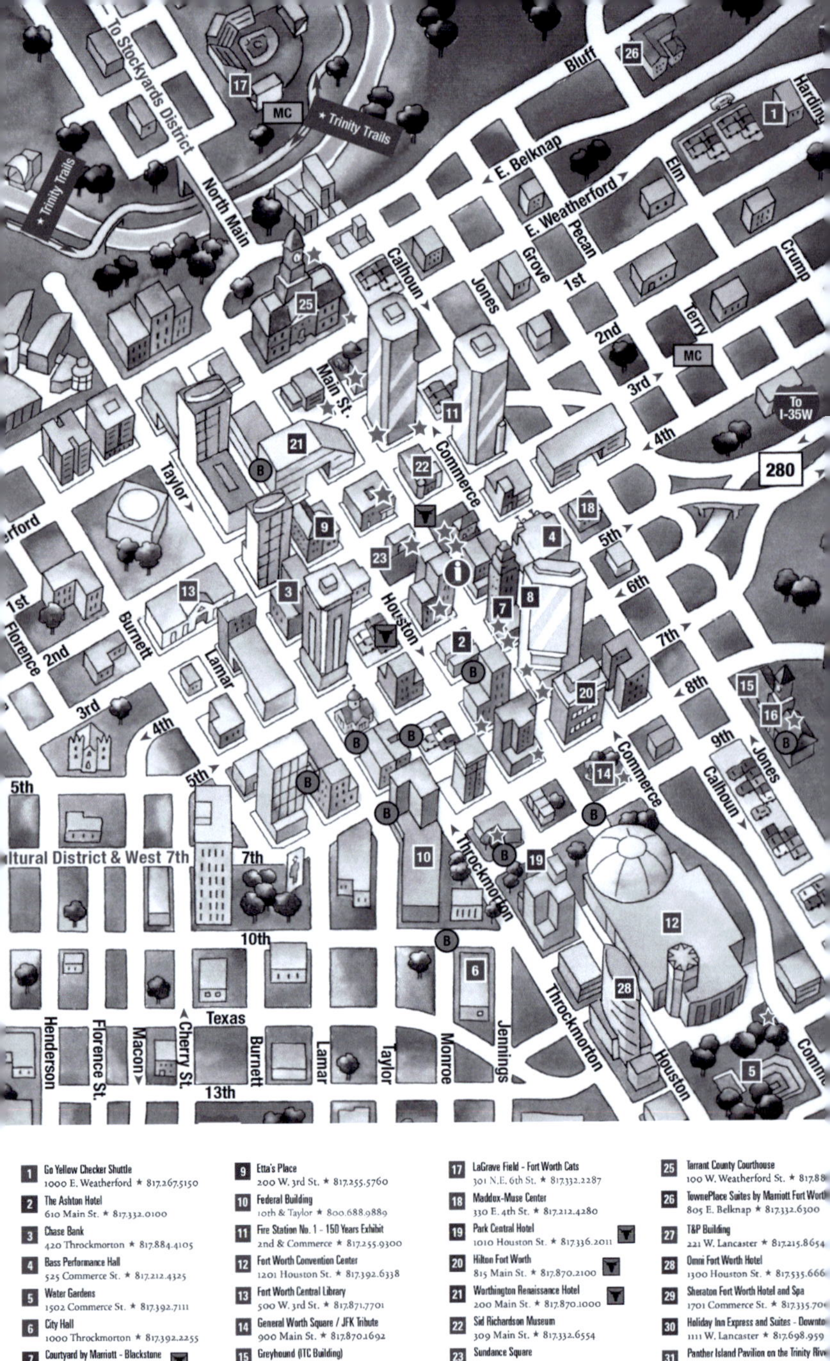

1 Go Yellow Checker Shuttle
1000 E. Weatherford ★ 817.267.5150

2 The Ashton Hotel
610 Main St. ★ 817.332.0100

3 Chase Bank
420 Throckmorton ★ 817.884.4105

4 Bass Performance Hall
525 Commerce St. ★ 817.212.4325

5 Water Gardens
1502 Commerce St. ★ 817.392.7111

6 City Hall
1000 Throckmorton ★ 817.392.2255

7 Courtyard by Marriott - Blackstone
601 Main St. ★ 817.885.8700

8 Embassy Suites Hotel
600 Commerce St. ★ 817.332.6900

9 Etta's Place
200 W. 3rd St. ★ 817.255.5760

10 Federal Building
10th & Taylor ★ 800.688.9889

11 Fire Station No. 1 - 150 Years Exhibit
2nd & Commerce ★ 817.255.9300

12 Fort Worth Convention Center
1201 Houston St. ★ 817.392.6338

13 Fort Worth Central Library
500 W. 3rd St. ★ 817.871.7701

14 General Worth Square / JFK Tribute
900 Main St. ★ 817.870.1692

15 Greyhound (ITC Building)
9th & Jones ★ 817.429.3089

16 Intermodal Transportation Center
9th & Jones ★ 817.215.8674

17 LaGrave Field - Fort Worth Cats
301 N.E. 6th St. ★ 817.332.2287

18 Maddox-Muse Center
330 E. 4th St. ★ 817.212.4280

19 Park Central Hotel
1010 Houston St. ★ 817.336.2011

20 Hilton Fort Worth
815 Main St. ★ 817.870.2100

21 Worthington Renaissance Hotel
200 Main St. ★ 817.870.1000

22 Sid Richardson Museum
309 Main St. ★ 817.332.6554

23 Sundance Square
817.255.5700

24 Tarrant County College - Trinity River East Campus
300 Trinity Campus Circle ★ 817.515.8223

25 Tarrant County Courthouse
100 W. Weatherford St. ★ 817.88

26 TownePlace Suites by Marriott Fort Wort
805 E. Belknap ★ 817.332.6300

27 T&P Building
221 W. Lancaster ★ 817.215.8654

28 Omni Fort Worth Hotel
1300 Houston St. ★ 817.535.666

29 Sheraton Fort Worth Hotel and Spa
1701 Commerce St. ★ 817.335.70

30 Holiday Inn Express and Suites - Downto
1111 W. Lancaster ★ 817.698.959

31 Panther Island Pavilion on the Trinity Rive
1098 W. Peach Street ★ 817-698

FORT WORTH

Fort Worth ist nur 50 km von Dallas entfernt und gehört zum Dallas-Fort Worth Metroplex (DFW).

Die Innenstadt von Fort Worth ist im Gegensatz zu Dallas durchaus fußgängerfreundlich. Auch hier gibt es eklatante Probleme, einen kostenlosen Parkplatz zu finden. Die Main St befindet sich in der Stadtmitte. Wer dort wohnen sollte, kann vieles zu Fuß erreichen. Neben zahlreichen Cafés, Kneipen, Restaurants, Geschäften, Galerien und Hotels haben sich hier und in den Nebenstraßen viele Firmen angesiedelt. Hier kann man auch in den späten Nachtstunden noch sicher die Gegend erkunden. Mit seinen 750 000 Einwohnern ist die Stadt der Cowboys und Kultur die fünftgrößte in Texas. Ihr bekanntester Sohn ist zweifelsohne der US-Schauspieler Larry Hagman, der unter dem Namen JR Ewing zu Weltruhm kam. Bedingt durch seinen Charme besuchen diese Stadt jährlich an die 5,5 Millionen Besucher aus dem In- und Ausland. Die zahlreichen Kunstausstellungen und Museen sind mit denen in Dallas vergleichbar. Was jedoch einmalig ist, und auch der Grund dafür ist, dass so viele Besucher in die Stadt kommen, ist das gewisse Flair und die Wildwestromantik. Mag sein, dass es für einen Touristen vielleicht befremdend wirken mag, aber die Cowboys tragen wirklich noch so ihre Kopfbedeckung, wie wir es aus alten Westernfilmen kennen. Mit ihrem *Line-Dance* bewahren sie nicht nur ihre texanische Tradition, sondern es macht den meisten auch noch Spaß, nach Country-Musik das Bein zu schwingen. Daher muss für jeden Besucher auch das *Stockyard* auf dem Programm stehen. Der später in Dallas ermordete Präsident John F. Kennedy verbrachte seine letzte Nacht in Ft. Worth, wo er eine letzte Rede hielt. Die Tribüne vor dem Hilton Hotel steht heute unter Denkmalschutz.

Die wichtigsten Industriezweige der Stadt sind zweifelsohne die Luftfahrt (Alliance und DFW Flughafen sowie Bell Helicopter) und zahlreiche Öl- und Gasgesellschaften sowie der Tourismus. Des Weiteren konnte sich Ft. Forth ebenso als Kongressstadt behaupten.

Sundance Square

Der Sundance Square ist das eigentliche Zentrum der Stadt, mit vielen Geschäften, Kneipen und Cafés. Hier findet man auch einige historische Häuser neben den modernen Bürogebäuden. Was auffällig am Jett-Gebäude aus dem Jahre 1907 und nicht zu übersehen ist, ist das riesige Wandgemälde von Richard Haas. Dargestellt ist ein Viehtrieb mit Cowboys.

Parken/Parkplätze

In der Innenstadt von Ft. Worth braucht man eigentlich kein Auto, da man sehr vieles zu Fuß erreichen kann. Bedingt durch die zahlreichen Pendler, die werktags zur Arbeit in die Stadt kommen, ist es hier auch nicht immer einfach, einen Parkplatz zu finden.

Parkhaus

In der Commerce und 2nd St. kann man für 2 ½ Stunden kostenlos das Auto abstellen, wenn man entweder das *Sid Richardson Museum* besucht oder in den Geschäften einkauft. Das Parkticket muss dann vorgelegt werden. Am Sundance Square kann man nach 17 Uhr werktags und an den Wochenenden kostenlos den Wagen abstellen.

Trinity-Fluss

Fast unbemerkt schlängelt sich der 1140 km lange Trinity River durch die Stadt. Er ist zugleich einer der längsten Flüsse des Staates Texas und hat seine Quelle im äußersten Norden und mündet im Süden in den Golf von Mexiko. Wer möchte, kann nicht nur am Fluss spazieren gehen, sondern auch ein Stück mit dem Pferd entlang reiten.

Öffentlicher Nahverkehr

Falls man keinen Mietwagen hat, kommt man zumindest in Ft. Worth auch mit dem Nahverkehr gut von A nach B. Wer etwas außerhalb der Stadt wohnen sollte, kann auf die Busse des lokalen Anbieters *The T* zurückgreifen. Wichtig ist jedoch auch die Linie 1, die von der Innenstadt zum *Stockyards* in regelmäßigen Abständen fährt. Informationen bekommt man entweder an der Rezeption des Hotels oder im Internet unter www.the-t.com.

AUSSTELLUNGEN UND MUSEEN

Sid Richardson Museum
309 Main St
Fort Worth, TX 76102
Tel: 817-332-6554
www.sidrichardsonmuseum.org

Mitten im Zentrum der Stadt liegt das viel beachtete *Sid Richardson Museum.* Der Sammler Sid Richardson (1891–1959) war ein sehr erfolgreicher Ölproduzent und Viehzüchter, und wir verdanken ihm das heutige Museum. Für Besucher der Stadt ist gerade dieses Museum von äußerster Wichtigkeit, um sich auf das Wild-West-Feeling optimal einzustellen. Gezeigt werden neben einigen Plastiken wunderschöne Gemälde aus der guten alten Zeit. Dass hier natürlich Bilder von Cowboys und Indianern in höchster Qualität gezeigt werden, ist zu erwarten. Hier finden Sie u.a. auch Arbeiten der sehr renommierten amerikanischen Künstler Russel und Remington. Das Museum wird heute von einer Stiftung betrieben. Eintritt frei.

Öffnungzeiten:
Montag bis Donnerstag von 9–17 Uhr
Freitag bis Samstag von 9–18 Uhr
Sonntag von 12–17 Uhr

Die *Milan Gallery* im Zentrum der Stadt zeigt Hunderte von ausgezeichneten Bildern und Gemälden von nationalen und internationalen Künstlern.

Milan Gallery
505 Houston St.
Ft. Worth, TX 76102
www.milangallery.com

Stockyards

Den ehemaligen Viehmarkt gibt es seit dem Jahre 1866. Der heutige *Stockyards* mit seinen 40 ha wurde 1976 in die Liste der historischen Plätze der USA aufgenommen. Mitunter kommt es dem Besucher so vor, als habe Hollywood die Kneipen, Bars und das Hotel gebaut. Dem ist jedoch nicht so. Gerne suchen auch die Einheimischen Kneipen auf, weil sie sich dort wohl fühlen und es zu ihrer eigenen Tradition und Kultur gehört. Touristen und Besucher sind natürlich immer herzlich willkommen. Einen großen (kostenlosen) Parkplatz findet man, wenn man die Exchange Avenue bis zum Ende durchfährt auf der linken Seite. Weitere Koordinaten der einzelnen vorgestellten Punkte, die Sie sich unbedingt ansehen müssen, werden nicht explizit angegeben, da sie leicht zu finden sind. Falls man Schwierigkeiten haben sollte, so fragt man am besten nach. Wer Zeit mitbringt, der sollte möglichst gleich ein ganzes Wochenende hier verbringen, da viele tolle Veranstaltungen oft zeitgleich laufen. Hier kommt Wild-West-Feeling auf.

Stockyards
500 NE 23rd St
Fort Worth, TX 76164
www.fortworthstockyards.org

1 **Hyatt Place Fort Worth Stockyards**
132 E. Exchange Ave. ★ 817.626.6000

2 **Billy Bob's Texas**
2520 Rodeo Plaza ★ 817.624.7117

3 **River Ranch – Fort Worth Stockyards**
500 NE. 23rd St. ★ 817.624.1111

4 **Cowtown Cattlepen Maze**
145 E. Exchange Ave. ★ 817.624.6666

5 **Cowtown Coliseum/Texas Rodeo Cowboy Hall of Fame**
121 E. Exchange Ave. ★ 817.625.1025
Texas Rodeo Cowboy Hall of Fame: 817.624.7963

6 **Fort Worth Herd Cattle Drives**
East Exchange Ave. ★ 817.336.4373

7 **Grapevine Vintage Railroad**
140 E. Exchange Ave. ★ 817.410.3123

8 **Joe T. Garcia's Mexican Restaurant**
2201 N. Commerce ★ 817.626.4356

9 **Livestock Exchange Building**
131 E. Exchange Ave. ★ 817.626.2334

10 **Miss Molly's B&B**
109 W. Exchange Ave. ★ 817.626.1522

11 **Pearl's Dancehall & Saloon**
302 W. Exchange Ave. ★ 817.624.2800

12 **Rodeo Park**
Ellis Ave. & 26th ★ 817.871.7696

13 **Rodeo Plaza** 2520 Rodeo Plaza

14 **Rose Marine Theater**
1440 North Main St. ★ 817.624.8333

15 **Fort Worth Stockyards Stables**
128 E. Exchange Ave. ★ 817.624.3446

16 **Stockyards Historic Walking Tours**
130 E. Exchange Ave. ★ 817.625.9715

17 **The Stockyards Hotel**
109 E. Exchange Ave. ★ 817.625.6427

18 **Stockyards Museum**
131 E. Exchange Ave., Ste. 113 ★ 817.625.5082

19 **Stockyards Station**
130 E. Exchange Ave. ★ 817.625.9715

20 **Texas Cowboy Hall of Fame**
128 E. Exchange Ave. ★ 817.626.7131
Historic Barn A

21 **White Elephant Saloon**
106 E. Exchange Ave. ★ 817.624.8273

22 **The Bull Ring**
112 E. Exchange Ave. ★ 817.624.2222

THE FORT WORTH HISTORIC STOCKYARD

offers many options for shopping, dining and nightlife. In the heart of the district, Exchange Avenue is lined with dozens of unique restau serving great Texas cuisine, retail shops and authentic Western saloons.

Outdoor Sculptures:

- i "Bill Pickett"
- ii "Quanah Parker Comanche
- iii "Texas Gold"

Also Look for:

"Texas Trail of Fame" mar
- located throughout Stoc

Stockyards Station

Wer sich für landestypische Souvenirs interessiert, wird hier in den Geschäften sehr gut bedient werden und hat eine große Auswahl. Dass hier einmal vor 50 Jahren mit Hühnern, Hasen und Schafen gehandelt wurde, kann man sich jedoch gut vorstellen. Neben den Geschäften befindet sich hier auch ein kleines Büro, wo man lokale Rundgänge buchen kann.

Organisierte Rundgänge

Besucher können sich auch einem organisierten Rundgang anschließen und erhalten somit alle wichtigen Informationen. Man meldet sich bei *Stockyards Station* an.

Öffnungszeiten:
Montag bis Samstag, 10,12,14 und 16 Uhr
Sonntag 12 und 14 Uhr

Dabei kann man unter zwei Rundgängen wählen:
- Wrangler Tour, Preis: 7 US$
- Cowboy Tour (inklusive Billy Bob´s), Preis: 8 US$

Viehtrieb

Um 11.30 und 16 Uhr wird es ernst. Lange schon vor der Zeit sitzen die Cowboys fest im Sattel und der Colt sitzt locker. Dann ist der Viehtrieb der Longhorns auf der Hauptstraße (Exchange Ave.) angesagt. Das Betreten der Straße ist dann nicht mehr erlaubt, auch nicht, um schnell ein Foto zu machen. Sicherheitsleute verweisen den Zuschauer schnell wieder auf den Bürgersteig. Da die Straße relativ kurz ist, ist das Spektakel genauso schnell wieder vorbei.

Saloon Wild Elephant

Jetzt schnell den Staub vom Gesicht gewischt und breitbeinig geht es in den *Saloon*. Hier fand übrigens tatsächlich 1887 mal eine Schießerei mit einem ehemaligen Sheriff Longhair Jim Courtright und dem Besitzer Luke Short statt. Der Sheriff wurde durch drei Schüsse tödlich verletzt. Der Eigentümer des Saloon hatte übrigens auch einen Saloon in Doge City. Viel verändert hat man nicht. In anderen Kneipen in Texas eigentlich undenkbar darf hier der richtige Cowboy auch mal zur Zigarette greifen. Auffallend sind die zahlreichen Cowboyhüte, die man an die Decke genagelt hat. Wer wissen möchte, wie die da hochgekommen sind, fragt nach einem Bier am besten an der Bar nach.

Neben live Musik (Samstag/Sonntag von 12–18Uhr) kann auch Billard gespielt werden. Richtig voll ist es meist am

Wochenende (Freitag/Samstag), dann hat der Saloon auch bis 2 Uhr geöffnet.

Im gegenüberliegenden Stockyards Hotel wird übrigens jedes Jahr am 8. Februar die Schießerei nachgespielt. Sicherlich ein Ereignis, das Sie nicht verpassen sollten.

Öffnungszeiten:
Sonntag bis Donnerstag von 12–24 Uhr
Freitag und Samstag von 12–2 Uhr

Billy Bob´s

Billy Bob´s ist eine Institution in Texas und zugleich auch das weltweit größte Honky Tonk. Hier finden sich auch viele Einheimische bei einem Tanzkurs unter der Leitung von Wendel Nelson, um wieder in den richtigen Takt zu kommen. Auch sind insbesondere Touristen (mit oder ohne Cowboyhut) jederzeit herzlich willkommen. Eine Tanzstunde kostet lediglich 5 US$, aber der Spaß ist vorprogrammiert. Eine Anmeldung ist nicht erforderlich.

Des Weiteren finden hier jährlich an die 300 Konzerte von namhaften Country- und Westernbands statt. Die Stimmung sollte man sich nicht entgehen lassen. Aber *Billy Bob´s* ist nicht nur ein Tanzlokal, hier bekommt man auch die dicksten Steaks und besten Biere, kann sich mit landestypischer Kleidung im eigenen Shop eindecken, oder ein Rodeo besuchen.

Bull Riding

Wer denkt, dass es sich vielleicht um eine Touristenattraktion handelt, der irrt sich. Leider sieht man viel zu wenige Touristen bei dem Spektakel. Wie der gemütliche Line Dance gehört das Reiten auf einem Stier einfach zu Texas dazu und hat bis heute nichts von seiner Tradition und an Spaß verloren. Hier steigen nur die erfahrensten Rodeoreiter auf einen Stier. Auch sie können sich nur einige Sekunden auf dem Rücken des Ungetüms halten. Hier in *Billy Bob´s* werden nicht nur einfache Rodeos gemacht, sondern es gibt richtige Meisterschaften. Viele Texaner gehen meist zuerst ins Rodeo und im Anschluss daran zu einem Konzert im gleichen Haus.

Öffnungszeiten:
Freitag bis Samstag von 21–22 Uhr
Eintritt: 3 US$

Stockyards Museum

Vielleicht sollte man dieses Museum als erstes aufsuchen, bevor man mit seinem Rundgang im historischen Teil der Stadt beginnt. Es befindet sich im *Live Stock Exchange*-Gebäude, also dort, wo vor einigen Jahrzehnten noch die Rinder- und Viehauktionen stattfanden. Mit dem Einzug des Internets ist man jedoch auch hier sehr fortschrittlich geworden. Das Gebäude an sich wurde 1902 erbaut und beherbergt heute ein sehr interessantes Museum. Neben alten Fotos aus der Wildwestzeit werden ebenso Artefakte der Indianer und Cowboys gezeigt. Für den Rundgang braucht man etwa eine Stunde. Eintritt: frei, es wird jedoch eine Spende von mindestens 2 US$ erwartet.

Öffnungszeiten:
Montag bis Samstag von 10–17 Uhr und Sonntag von 12–17 Uhr

Reiten

Natürlich kann man sich hier auch ein Pferd leihen und an den organisierten Ausritten teilnehmen. Sie reiten am Trinity-Fluss entlang und haben einen tollen Blick auf die Skyline von Fort Worth. Aber auch an die Kinder wurde gedacht. Diese können in der Sandarena unter Anleitung reiten.

Stockyards Stables

www.fortworthstockyardsstables.com
Preis: 15 Min. in der Arena für Kinder 20 US$
½ Stunde 30 US$ 30
1 Stunde 50 US$
Öffnungszeiten: täglich von 10.30–17 Uhr

Zwei Mal täglich findet der Viehtrieb mit den Longhorns statt

ESSEN UND TRINKEN

Ellerbe Fine Foods

Das *Ellerbe* hat sich unter den Gourmets der Stadt längst einen Namen gemacht. Aufgetischt wird die beste texanische Küche, jedoch bietet das Restaurant nicht primär Steaks an. Für Weinliebhaber ist das *Ellerbe* ein wahrer Hochgenuss. 2010 wurde das Restaurant sogar als eines des besten zehn in ganz Amerika ausgezeichnet. Hier sollte man jedoch nach Möglichkeit einen Tisch reservieren.

1501 W. Magnolia Ave
Ft. Worth, TX 76104
Tel: 817-926-3662
www.ellerbefinefoods.com

Paris Coffee Shop
704 W Magnolia
Fort Worth, TX
Tel: 817-335-2041
www.pariscoffeeshop.net
Öffnungszeiten:
Montag bis Freitag von 6–14.30Uhr
Samstag von 6–11 Uhr

H3 Steakhouse
109 E Exchange Ave.
Ft Worth, TX 76164
Öffnungszeiten:
Montag bis Donnerstag und Sonntag von 11–22 Uhr
Freitag und Samstag bis 23 Uhr

Rodeo Goat (Burger)
2836 Bledsoe & Currie
Ft. Worth TX
Öffnungszeiten:
Samstag bis Donnerstag von 11–24 Uhr
Freitag und Samstag von 11–2 Uhr

Hier gibt es die besten Burger in der Stadt.

Reata Restaurant
310 Houston St
Ft. Worth, TX 76102

Die sehr gute texanische Küche ist legendär. Hier ist es fast immer voll.

Smokehouse
3201 Riverfront Drive
Ft. Worth, Texas 76107

Hier kann man auch im Freien sitzen. Flotter Service. Neben geräuchertem Fisch wird außer Rind und Schwein auch Hähnchen angeboten.

Avoca (Kaffeerösterei)
1311 W. Magnolia Ave.
Ft. Worth, TX 76104

Beim Betreten verbreitet sich sofort ein angenehmer Kaffeeduft, denn auf der linken Seite kann man zusehen, wie der Kaffee geröstet wird. Das Café wird in der lokalen Presse in den höchsten Tönen gelobt.

Brewed
801 W. Magnolia Ave.
Ft. Worth, TX 76104

Viele in der Stadt frühstücken hier, bevor sie ins Büro gehen.

Scat Jazz Lounge

Wer sich für entspannende Jazzmusik interessiert, der sollte unbedingt diesen Club aufsuchen. Er wurde 2013 sogar als einer der besten Hundert weltweit ausgezeichnet und befindet sich im historischen Woolworth-Gebäude zwischen Houston und Commerce St, Ecke W 4th St. Hier treten nicht nur die großen internationalen Stars auf, sondern auch vielversprechende junge Talente. Die Liste der Cocktails scheint fast endlos zu sein. Auf der HP werden die Daten der auftretenden Künstler veröffentlicht.

111 W 4th St.
Ft. Worth, TX 76102
Tel: 817-870-9100
www.scatjazzlounge.com

Öffnungszeiten:
Dienstag bis Donnerstag von 19–2 Uhr
Freitag von 17–2 Uhr
Samstag von 18–2 Uhr
Sonntag von 19–2 Uhr
(Happy Hour Freitag von 17–20 Uhr)

The Usual Bar
W. Magnolia Ave.
Ft. Worth , TX 76104

Sie finden hier eine sehr entspannte Atmosphäre und können so gut den Abend ausklingen lassen. Hier kommen die jungen Leute wegen der ungewöhnlichen Cocktails her. Aber auch Bier und Wein sind im Angebot.

Öffnungszeiten:
Montag bis Freitag von 16–2 Uhr
Samstag und Sonntag von 18–2 Uhr

Historischer Öltank, Stockyards Museum

Cultural District

Das Kulturzentrum erreicht man am besten mit dem Pkw. Parkplätze stehen zur Verfügung. Das Gelände ist jedoch so groß, dass man sich vor Ort ein Fahrrad ausleihen kann, um sich die einzelnen Museen/Ausstellungen anzusehen. Für Kulturinteressierte ist da ein Tag wahrscheinlich nicht ausreichend. Architektonisch sehr interessant sind die Gebäude an sich. Also kommen nicht nur die Kultur und Kunstliebhaber auf ihre Kosten. Die Öffnungszeiten der einzelnen Museen sind nicht einheitlich!

Amon Carter Museum

Das Gebäude wurde von dem Stararchitekten Philip Johnson (1906-2005) entworfen. Hier sind u.a. 400 Arbeiten der bekannten Künstler Frederic Remington und Charles M. Russel ausgestellt. Weiter sind Werke zahlreicher Künstler aus dem 19. Jahrhundert bis in unsere heutige Zeit zu sehen. Das seit 1961 bestehende Museum hat jährlich an die 120 000 Besucher.

Öffnungszeiten:
Dienstag, Mittwoch, Freitag und Samstag von 10–17 Uhr
Donnerstag von 10–20 Uhr
Sonntag von 12–17 Uhr
Eintritt: frei

Kimbell Art Museum

Der Architekt dieses Gebäudes war der Amerikaner Louis Kahn (1901–1974). Es wurde zwei Jahre vor seinem Tod eröffnet. Für Architekturbegeisterte wird dieses lichtdurchflutete Gebäude sicherlich ein Erlebnis sein. Aber auch für Kunstliebhaber gibt es hier Einiges zu sehen: Arbeiten von Michelangelo, Monet und Picasso, um nur einige Künstler zu nennen. Aber auch die fantastische ägyptische Kunst kann hier bewundert werden.

Öffnungszeiten:
Dienstag bis Donnerstag und Samstag von 10–17 Uhr
Freitag von 12–20 Uhr
Sonntag von 12–17 Uhr
Eintritt: frei

Modern Art Museum

Kunstexperten bezeichnen dieses außergewöhnliche Haus als das eleganteste Museum im ganzen Land. Hier wird moderne Kunst, Pop Art und abstrakter Expressionismus gezeigt.

Öffnungszeiten:
Dienstag bis Sonntag von 10–17 Uhr
Freitag von 10–20 Uhr

National Cowgirl Museum and Hall of Fame

Es handelt sich hier um das weltweit einzige Museum, das sich mit der Entwicklung und der Geschichte der Cowgirls befasst. Ausgestellt sind u.a. Artefakte, die über 100 Jahre alt sind. In der Hall of Fame werden die wichtigsten Cowgirls ihrer Zeit vorgestellt. Im Erdgeschoss befindet sich ein Andenkenladen.

Öffnungszeiten:
Dienstag bis Samstag von 10–17 Uhr
Sonntag von 12–17 Uhr

Eintritt: US$ 10

Wissenschafts- und Historisches Museum

Dieses Museum wird sehr gerne von lokalen Schulklassen besucht. Neben einem Planetarium gibt es jedoch auch noch ein separates Museum in diesem Gebäude. Das Cattle Museum befasst sich mit der Geschichte der Rinder.

Öffnungszeiten:
Montag bis Samstag von 10–17 Uhr
Sonntag von 12–17 Uhr

Oper

Das Opernhaus in Fort Worth gibt es schon seit 1946. Es ist fester Bestandteil des kulturellen Lebens. Über Aufführungen informiert die lokale Presse bzw. die Homepage.

Fort Worth Opera Office
1300 Gendy St. Ft. Worth, TX 76107
Tel: 817-731-0833
www.fwopera.org

Theater

Ein ganz besonderes Haus ist das *Rose Marine Theater*, das es bereits seit 1920 gibt, und das über lediglich 250 Plätze verfügt. Hier werden primär Stücke und auch Filme aus Lateinamerika aufgeführt und es ist daher bei den Hispanos bzw. deren Freunden sehr beliebt.

Rose Marine Theater
1440 N. Main St.
Ft. Worth, TX 76164
Tel: 817-624-8333
www.artesdelrosa.org

SHOPPING

Das Einkaufserlebnis in Ft. Worth ist ein ganz Besonderes, weil man hier wirklich in Ruhe shoppen kann, bis die Kreditkarte glüht.

Wer sich für Glaskunst interessiert, oder den Glasbläsern lediglich über die Schulter schauen möchte, dem sei *SiNaCa Studio* empfohlen.

1013 W Magnolia Ave#Ft Worth, TX 76104
Tel: 817-899-0024
www.sinaca.org

Bei *Justin Boot Outlet* findet man eine große Auswahl an Schuhen, Gürteln, Cowboy- und Cowgirlstiefeln zu besonders günstigen Preisen.

717 W Vickery Boulevard
Ft Worth, TX 76107

Eine große Auswahl an original Cowboyhüten findet man in der seit über 100 Jahren bestehenden Manufaktur der *Peters Brothers.*

1502 Houston St
Ft. Worth, TX 76102

Das *Montgomery Plaza* ist ein relativ kleines Einkaufszentrum, jedoch mit einem sehr großen Parkplatz. Hier findet man u. a. *Target*, einen großen Supermarkt, der neben Lebensmitteln und elektrischen Geräten auch günstige Kleidung im Angebot hat. In dem Restaurant (*Pizza Hut*) kann man Kleinigkeiten bestellen.

Montgomery Plaza
301 Carroll St.
Ft. Worth, TX 76107

Dress For Less befindet sich gleich neben *Target* und ist ein großes Outletcenter mit extrem günstigen Preisen und vielen Einzelstücken.

Bourbon / Whiskey

Bourbon ist eigentlich rein zufällig in den USA durch die zahlreichen Einwanderer aus Europa entstanden. Schnell stellte man fest, dass der Anbau von Gerste fast unmöglich war, und so fand man Roggen als Alternative. Dies war die Geburtsstunde des Rye Whiskey. Bourbon hingegen wird zu 51 % aus Mais hergestellt. Der Bourbon zeichnet sich durch seinen weichen Abgang aus.

Was wäre Texas ohne seinen Bourbon? Seit einigen Jahren gibt es in Ft. Worth die *Firestone & Robertson Destillery*. Sehr erfolgreich arbeiten hier Leonard Firestone und Troy Robertson und erhielten 2013 – also kurz nach der eigentlichen Markteinführung – schon die ersten Auszeichnungen in Doppel-Gold. Die Marke TX Whiskey ist bei wahren Whiskeykennern sehr gut angekommen und so war auch der Erfolg eigentlich vorprogrammiert. Die Destillery kann auch besichtigt werden, wenngleich man dort keinen Whiskey kaufen kann, sich jedoch durch einige Schluck zum Kauf inspirieren lassen kann. Die

HOTELEMPFEHLUNGEN

Das Angebot an Hotels ist vorbildlich, wenngleich es kein 5*-Hotel in der Stadt gibt. Dass dies aus rein steuerlichen Gründen der Fall ist, wäre denkbar. Denn einige der Hotels hätten eigentlich diesen Status verdient.

The Ashton Hotel
610 Main St
Fort Worth, TX 76102
Tel: 817-332-0100
www.theashtonhotel.com

Das extrem gemütliche und kleine Boutique Hotel ist zwar unverständlicherweise nur als 3*-Haus gelistet, verbreitet jedoch durch seinen Charme und die kleinen Details auf den Zimmern einen Hauch von Luxus und Eleganz. Hier werden Sie noch mit Namen angesprochen. Je nach Buchung ist das Parkhaus inklusive. Die Zimmer sind sehr liebevoll eingerichtet, und wie es sich für ein Boutique Hotel gehört, trägt jedes Zimmer seine eigene Signatur. Die Badezimmer sind für das kleine Haus relativ groß, jedoch sehr gemütlich eingerichtet. Hier gibt es sogar Bademäntel und reichlich Handtücher auf dem Zimmer. Einen Service, den viele 5*-Hotels in Dallas nur auf Wunsch erfüllen. Das Personal ist extrem hilfsbereit und erledigt auch mal kleinere Besorgungen für den Gast.

Als optimal kann ebenso die Lage beschrieben werden: in der Main Street (Hauptstraße). Auch in den Abend- und Nachtstunden ist man hier sehr sicher und kann flanieren bzw. einige Bars in der Nähe aufsuchen.

Es handelt sich hier um ein historisches Gebäude, das schon über 100 Jahre alt ist und auf nationaler Ebene einige sehr renommierte Auszeichnungen erhielt.

Zentral gelegen, The Ashton Hotel.

TownPlace Suites Marriott
805 E. Belknap St
Fort Worth, TX 76102
Tel: 817-332-6300
www.marriott.de

Marriott Hotels gibt es fast ein Dutzend in der Stadt. Das *Town-Place* wird überwiegend von Geschäftsleuten benutzt. Es bietet kleine Studios, die zweckmäßig eingerichtet sind. Ein kleiner Pool ist vorhanden. In die Innenstadt sind es nur wenige Minuten mit dem Auto. Tagsüber wirkt es fast ausgestorben. Das Frühstücksbuffet ist amerikanischer Standard. Der günstige Preis, auch für Langzeitbucher, ist der Vorteil. Hier kann man sich nach einem gestressten Tag im Büro sehr gut erholen. Parkplätze sind ausreichend hinter dem Haus vorhanden.

Tipp:
The Stockyards Hotel
109 E. Exchange Avenue
Fort Worth, TX 76106
Tel: 817-624-2571
www.stockyardshotel.com

Im historischen Stockyards-Viertel befindet sich dieses über 100 Jahre alte Hotel. Hier fühlt sich jedes Cowgirl und natürlich auch jeder Cowboy so richtig wohl. Die 57 Zimmer sind sehr rustikal eingerichtet. Die Lage an der Hauptrasse ist optimal. Gegenüber befindet sich der Saloon *White Elephant*. Nebenan ist gleich eines der besten Steakhäuser der Stadt. Geeignet für Touristen oder Geschäftsreisende, die hier eine oder zwei Nächte entspannen möchten.

Hilton Fort Worth
815 Main St
Fort Worth,TX 76102
Tel: 817-870-2100
www.fortworth.hilton.com

Das aus 294 Zimmern bestehende Hotel der Hilton-Kette ist heute längst ein historisches Gebäude. Nur einen Tag vor den tödlichen Schüssen 1963 in Dallas übernachtete der 35. Präsident der USA mit der First Lady in diesem Hotel. Im Laufe der Jahrzehnte wurde das Haus verschiedene Male renoviert und die Suite, in der JFK übernachtete, existiert faktisch nicht mehr. Das Haus wurde bereits 1921 unter dem Namen Hotel Texas eröffnet. Bedingt durch die zentrale Lage ist dieses Hotel bei Geschäftsreisenden und Touristen im gleichen Maße äußerst beliebt.

Omni Fort Worth Hotel
1300 Houston St, Fort Worth, TX 76102
Tel: 817-535-6664
www.omnihotels.com

Etta's Place
200 W. 3rd St
Fort Worth, TX 76102
Tel: 817-255-5760
www.ettas-place.com

Lockheart Gables Romantic Bed & Breakfast
5220 Locke Avenue, Fort Worth, TX 76107
Tel: 817-738-5969
www.lockheartsgables.com

WELLS
FARG
TOWER

GRAHAM

Wer mal einige Tage ausspannen möchte, sollte sich auf den Weg nach Graham machen. Circa 1 ½ Autostunden nordwestlich befindet sich die auf den ersten Blick recht unbedeutende 9000 Einwohner zählende Stadt, praktisch im Nirgendwo. Die Hinfahrt ist relativ unspektakulär. Ab und an kann man rechts und links der Straße einige Ölpumpen ausmachen. Da es sich jedoch um Privatgrundstücke handelt, ist das Betreten streng verboten. Fotoaufnahmen sind jedoch möglich. Kommt man in die Kleinstadt, kommend auf der S 16, findet man rechts einen *Wal-Mart*, der zugleich auch das größte Einkaufszentrum ist. Bedeutende Sehenswürdigkeiten hat die Gegend zwar nicht unbedingt zu bieten, aber die Landschaft und Ruhe sind nicht zu unterschätzen. Wer sich für einsame Wanderungen, Reiten oder Kanufahrten interessiert, der wird sich hier besonders wohlfühlen.

Old Post Office

Das alte Post-Museum befindet sich mehr oder weniger in der Mitte der Stadt und wurde erst 2002 eröffnet. Neben originalgetreuen Artefakten aus den Jahren zwischen 1800 und 1900 vom Militär und einigen Indianern, werden ebenso alte Fotografien und Gemälde gezeigt.

Old Post Office, Museum & Art Center
510 Third St, Graham, TX 76450
Tel: 940-549-1470
www.opomac.net

Dass in Ft. Worth die Polizei auch hoch zu Ross ist,
versteht sich fast von selbst

Im kleinen Fremdenverkehrsamt der Stadt kann man sich über besondere Veranstaltungen, die sporadisch angeboten werden, informieren.

Graham Visitors Bureau
458 Oak St
Graham, TX 76450
Tel: 866-549-0401
www.visitgrahamtexas.com

Öffnungszeiten:
Dienstag bis Freitag von 9–11.30 Uhr
12.30–16 Uhr

Wildcatter Ranch

Bei der Fahrt zur Wildcatter Ranch (90 Meilen von Ft Worth) benötigt man unbedingt ein GPS, da sich die Zufahrt, wenn man von Ft Worth anreist, sehr versteckt auf der linken Seite befindet. Wenn die Stimme im Navi erklingt: Sie haben ihr Ziel erreicht (You reached your destination) sollte man aufmerksam nach links schauen. Ein großer Fahnenmast mit der texanischen Flagge führt direkt auf das Gelände. Man fährt zunächst einen recht steilen Hügel nach oben und parkt neben dem Haupthaus (Hotel). I. d. R. wird man in den Cabins (Bungalows) untergebracht. Wer im Hotel wohnen möchte, sollte dies unbedingt bei der Reservierung angeben. An der Rezeption erhält man seinen Schlüssel für die Cabin und benutzt dann seinen eigenen Pkw (circa 1,5 km vom Hotel entfernt). Parken kann man direkt vor dem einstöckigen langgezogenen Holzgebäude.

WILDCATTER
RANCH
WWW.WILDCATTERRANCH.COM

6062 Highway 16 S
Graham, TX 76450
Tel: 940-549-3500
www.wildcatterranch.com

Die Zimmer sind sehr rustikal mit einem Kamin im typisch texanischen Stil eingerichtet. Ein Flachbildfernseher fehlt nicht. Atemberaubend ist der Blick, wenn man den Sonnenuntergang auf seiner Veranda genießen möchte. Einen Swimmingpool mit Jaccuzi sollte man nicht nur nach einem Ausritt nutzen. Man kann ihn zu Fuß erreichen.

Das Restaurant mit der Bar befindet sich gegenüber des Hotels und bietet landestypische Gerichte wie Steaks, aber auch leckeren Fisch an. Bei einem Whiskey kann man dort bei netten Gesprächen den Abend an der Bar ausklingen lassen. Das Frühstück (Buffet) wird im Hotel eingenommen.

Auf einer Ranch sollte man unbedingt gewisse Verhaltensregeln beachten.

Mit dem Auto kann man direkt bis vor die Unterkunft fahren

Verhaltensregeln/Tipps

Schlangen sind auf dem riesigen Areal keine Seltenheit. Daher sollte man sich folgendes einprägen: Brown and gray stay away! Bedeutet, dass man sich vor braunen und grauen Schlangen gefälligst in Acht nehmen soll. Auch die Skorpione sind nicht alle friedlich. Sollte es dennoch zu einem Zwischenfall kommen, so informiert man unverzüglich einen der Mitarbeiter auf der Ranch. Daher ist es am Besten, wenn man bei Spaziergängen über die Ranch festes Schuhwerk trägt. Ebenso sollte man immer eine Kopfbedeckung, eine gute Sonnenbrille und Wasser dabei haben.

In den gemütlichen Zimmern findet man eine Kitchenet sowie einen großen Kühlschrank und eine Mikrowelle. Vielleicht sollte man gleich am Ankunftstag die 10 Minuten nach Graham fahren; dort befindet sich auf der rechten Seite, gleich am Anfang des Ortes, ein *Wal Mart*. Hier kann man sich gut mit einigen Vorräten eindecken.

Aktivitäten

Der Aufenthalt auf einer Ranch ist gekennzeichnet von der Ruhe und der Weite. Hier kann man bei einigen Aktivitäten einige Gänge runterschalten. Die Aktivitäten sollten jedoch immer vorher an der Rezeption angemeldet werden. Bei Interesse werden auch Bogenschießen und Volleyball angeboten.

Fütterung der Longhorns

Nach dem Frühstück pünktlich um 9 Uhr fährt ein typisch texanischer Planwagen direkt vor dem Hotel die Interessierten zur Weide der Longhorns. Wenn die Kolosse das Motorengeräusch hören, kommen sie freiwillig an den Holzzaun. Die Longhorns sind zwar an Menschen gewöhnt, bleiben jedoch unberechenbare Wildtiere. Das Füttern mit ausgestreckter Hand stellt jedoch kein Problem dar. Unvernünftige Gäste haben sich auch schon mal an den riesigen Hörnern festgehalten, wovor ausdrücklich gewarnt wird. Eine leichte Kopfbewegung der Tiere reicht aus, und Sie fliegen nicht nur auf die Weide, sondern bestimmt 2 m in die Höhe! Die beiden Cowboys, die den Ausflug begleiten, geben einige Informationen an den Besucher weiter. Der Ausflug dauert etwa 45 Minuten.

Reiten

Was wäre eine Ranch ohne Pferde? Dieser Ausflug findet meist gegen 10 Uhr statt. Mit dem Pkw fahren Sie die Straße, die sich neben den Cabins befindet, runter ins Tal bis zu den Pferdeställen. Bevor man aufs Pferd steigt, muss man zunächst einen sogenannten *Waiver* unterzeichnen. Man befreit somit die Ranch von jeglicher Haftung, falls es zu einem Unfall kommen sollte. Schutzhelme werden zur Verfügung gestellt. Vor dem Besteigen der Pferde gibt einer der Cowboys noch eine kurze Einweisung. Für Ungeübte steht eine kleine Treppe bereit. Der wunderschöne Ausritt über die Farm dauert um die 90 Min. Eine Kopfbedeckung und den Fotoapparat sollten Sie auf keinen Fall vergessen. Geritten wird sehr langsam, was auch ungeübten Teilnehmern erlaubt, an dem Ausritt teilzunehmen. Die Pferde kennen nicht nur die Tour, sondern auch die Touristen. Teilweise kommen Sie durch ausgetrocknete Flussbetten und an Öltanks vorbei, da nach wie vor Öl auf der Ranch gefördert wird.

Tontaubenschießen

Das Tontaubenschießen findet meist am Nachmittag um 13.30 Uhr statt. Zunächst fahren Sie mit dem Auto runter auf den Highway und biegen nach circa 3 km rechts ab, wieder auf die Farm. Achtung: Es gibt hier keine Hinweisschilder! Es besteht jedoch auch die Möglichkeit, dass Sie einem der Cowboys in seinem Truck einfach folgen. Es erfolgt zunächst eine kurze Einweisung. Ohrenstöpsel werden selbstverständlich ausgehändigt. Beim Wechsel der Patronenhülsen sollten Sie das Gewehr auf keinen Fall direkt vor das Gesicht halten, da sie nicht nur mit hoher Geschwindigkeit ausgeworfen werden, sondern auch heiß sind. Auch wenn die ersten Schüsse wohl ins Leere gehen, hat bisher jeder irgendwann mal getroffen.

Tontaubenschießen

Kanufahrt

Das Fahren mit einem Kanu auf dem kleinen See oder am Brazos River macht einfach nur Spaß. Leider hatte es in den vergangenen Jahren nicht mehr geregnet, so dass der Fluss teilweise ausgetrocknet war. Daher kann dieser Ausflug nicht garantiert werden.

Jeep

Bei Interesse wird auch eine Tour mit dem Jeep über das Gelände organisiert.

DALLAS UND FORT WORTH IM INTERNET

Allgemeine Informationen

www.travel.state.tx.us

Informationen vom Fremdenverkehrsamt

www.visit-dallas.com	Dallas Tourismus
www.fortworth.com	Ft. Worth Tourismus
www.dfw.com	Flughafen

Gesundheit

www.reiseapotheke.de	Die Reiseapotheke
www.tropeninstitut.de	Tropeninstitut
www.fit-for-travel.de	Allgemeine Informationen

Presse

www.dallasnews.com	Tageszeitung
www.dallasobserver.com	
www.star-telegram.com	

Fluggesellschaften

www.lufthansa.de	Lufthansa
www.aua.com	Österreichische Airline
www.swiss.com	Schweizer Fluggesellschaft
www.aa.com	American Airlines

Bis heute wird auf der Wildcatter Ranch noch nach Öl gebohrt

Zoll

www.zoll.de — Deutschland
www.bmf.gv.at — Österreich
www.ezv.adnin.ch — Schweiz

Ft Worth

www.sundancesquare.com — Für Shopping etc
www.texascowboyhalloffame.org — Nur für Cowboys
www.jfktribute.com — Zum Gedenken an JFK

Mit den roten Trolley-Bussen ist eine Stadtrundfahrt durch Dallas ein besonderes Erlebnis

ALLGEMEINE REISEHINWEISE

Alkohol

Alkoholische Getränke gibt es in fast jedem Hotel. Ansonsten muss man einen *Liquor Store* aufsuchen. Um Alkohol konsumieren zu dürfen, muss man 21 Jahre sein. Bier etc darf nicht sichtbar im Freien getrunken werden! Wenn man eine Dose oder Flasche Bier zum Beispiel in einem Park trinkt, muss diese in Papier o.ä. eingewickelt sein.

Apotheken

Apotheken, die als „Pharmacy" ausgeschildert sind, gibt es in der Stadt zahlreich. Sie sind gut zu finden. Alle Medikamente, die man zu Hause findet, sind in Texas auch zu bekommen, einige sogar rezeptfrei. Spezialmedikamente sollten für die Dauer des Aufenthaltes und darüber hinaus mitgenommen werden. Einige Apotheken haben 24 Stunden geöffnet. Über die Rezeption im Hotel kann man in Erfahrung bringen, welche Apotheke Bereitschaftsdienst hat. Die Preise für Medikamente für Schmerzen und Durchfallerkrankungen sind durchaus günstig. Ggf. sollten Sie versuchen, die Quittungen bei Ihrer Krankenkasse zur Erstattung einzureichen.

Vertretungen in Dallas

Consulate of Switzerland
2501 N. Harwood St., Suite 1400
Dallas, TX 75201
Tel: 214-965-1025

Honorarkonsulat Austria
11000 Brittmoore Park
Houston, TX 77041
Tel: 832-615-1515

Beide Vertretungen haben an nationalen wie amerikanischen Feiertagen geschlossen.

Deutsche Vertretungen

Das Honorarkonsulat in Dallas steht deutschen Staatsbürgern bei Fragen zur Verfügung. Es wird von einem amerikanischen Juristen geleitet. Bei Passverlust nimmt es die entsprechenden Anträge entgegen und leitet diese an das Generalkonsulat nach Houston lediglich weiter. Wer es daher sehr eilig hat, fährt am besten mit dem Bus oder mit dem Auto nach Houston. Für die Fahrt benötigt man zwischen drei und vier Stunden. Am Besten setzt man sich vorher mit der Passstelle telefonisch in Verbindung und klärt ab, welche Unterlagen die Ausstellung beschleunigen können. Aus Sicherheitsgründen muss man sich bei den meisten deutschen Auslandsvertretungen telefonisch einen Termin geben lassen! An den gesetzlichen deutschen und amerikanischen Feiertagen bleiben die Vertretungen geschlossen. Die Ersatzpapiere/Pässe werden nicht kostenlos ausgestellt. Die entsprechenden Gebühren werden in Euro abgerechnet.

Honorarkonsul der Bundesrepublik Deutschland
Hart & Power
5818 E. Universtity Blvd, Suite125
Dallas,TX 75206
Tel: 214-752-3684

Generalkonsulat der Bundesrepublik Deutschland
1330 Post Oak Blvd, Suite 1850
Houston, TX 77056
Tel: 713-985-3380
www.houston.diplo.de

Öffnungszeiten:
Montag bis Freitag von 8.30–12 Uhr

Botschaft der Bundesrepublik Deutschland
2300 M. Street NW
Washington, D.C., 20037
Tel: 202-298-4000

Elektrizität

Die Stromspannung in den USA beträgt 110 Volt / 60 Hz. Die in Europa gekauften elektrischen Geräte kann man ohne Adapter (Reisestecker) nicht anschließen. Jedoch kann es passieren, dass einige elektrische Geräte (Akkuaufladegerät) trotzdem nicht funktionieren. Man sollte auf jeden Fall versuchen, sich einen Adapter schon im Heimatland zu besorgen.

Trinkgelder

In den Restaurants werden 10–15 % auf den Rechnungspreis aufgeschlagen. Denken Sie bitte auch an das Reinigungspersonal im Hotel. Am besten plazieren Sie das Trinkgeld direkt auf dem Bett am Anfang Ihres Aufenthalts. Auch bei den Kofferträgern im Flughafen bzw. der Hotels sollten Sie daran denken. Für Valet Parking sind 1–2 US$ angemessen.

Kleidung

Leichte luftdurchlässige Kleidung ist im Sommer angebracht. Eine schützende Kopfbedeckung und gute Sonnenbrille sollte man nicht vergessen. Ansonsten gehört bei einem Besuch auf einer Farm immer festes Schuhwerk dazu. In den Wintermonaten dürfte Übergangskleidung ausreichend sein.

Post

Ansichtskarten gibt man am Besten an der Rezeption des Hotels ab, die auch für das nötige Porto sorgt.

Passverlust

Am Besten fertigt man Kopien vom Pass schon im Heimatland an. Zwei Passfotos sollte man ebenso mitnehmen. Bei Feststellung des Passverlustes muss umgehend die Polizei informiert werden. Mit der Bescheinigung, der Passkopie und den Passfotos wendet man sich umgehend an seine diplomatische Vertretung (siehe auch Botschaften). Ein Ersatzpass kann, je nachdem, ob man alle Unterlagen vollständig einreicht, innerhalb kürzester Zeit ausgestellt werden. Einige diplomatische Vertretungen verlangen eine Gebühr. Ohne Reisepass/Ersatzpapier werden Sie die USA nicht verlassen können. Wer es eilig hat, fährt am Besten zur diplomatischen Vertretung nach Houston. In Dallas werden nur die Anträge entgegengenommen!

Reiseversicherung

Bei einigen Kreditkartenanbietern ist unter bestimmten Voraussetzungen eine Reiseversicherung bereits abgeschlossen. Man sollte unbedingt darauf achten, dass man im Notfall auch per Luftrettung in sein Heimatland transportiert wird. Diese Versicherungen gibt es ab 9 €. Man sollte hier nicht am falschen Ende sparen.

Sprache

Englisch ist natürlich die Hauptsprache in Texas, wobei Sie immer wieder mal auf Hispanos stoßen können, die kein Wort Englisch verstehen. Auch gibt es große Unterschiede zur englischen Sprache, die man in England spricht. Wenn Sie in den USA jemanden nach der Petrol Station (Tankstelle) fragen, so weiß man nicht, was Sie damit meinen. Eine Tankstelle in den USA wird als Gas Station bezeichnet. Bedingt durch sehr viele Zugezogene aus der West- und Ostküste spricht man in Dallas ein sehr gut verständliches Amerikanisch. In Ft. Worth und nördlich davon werden Sie oft auf den texanischen Akzent treffen. D. h. man versteht nur die Hälfte oder gar nichts. Dieses Problem lässt sich jedoch lösen, wenn Sie in einem Saloon einige Whiskey getrunken haben.

Sicherheit

Plano ist laut Kriminalstatistik eine der sichersten Städte in den USA. Dallas Downtown ist in den späten Abendstunden und am Wochenende fast menschenleer. Nächtliche Spaziergänge sind daher nicht zu empfehlen. Nach Einbruch der Dunkelheit ist es in Dallas immer recht problematisch, jemanden nach dem Weg zu fragen. West Dallas gehört nicht gerade zu den sichersten Stadtteilen und sollte daher nach Einbruch der Dunkelheit gemieden werden.

In Ft. Worth ist man im Stadtzentrum, auch in den Nachtstunden, sicher. Es ist in den USA völlig normal, wenn Sie im Hotel fragen, ob die Gegend, in die Sie gehen wollen, sicher ist. Haben Sie daher keine falsche Scham.

In Graham bzw. auf der Wildcatter Ranch müssen Sie sich lediglich vor Schlangen und Skorpionen in Acht nehmen. Anhalter sollten Sie nicht mitnehmen, schon gar nicht, wenn Sie nachts fahren.

Wenn Sie öffentliche Gebäude (Museen etc.) besuchen, kann es sein, dass ein Sicherheitsbeamter in die Handtasche/Rucksack schauen möchte. Er ist jedoch nicht befugt, hinein zu fassen.

Naturkatastrophen gibt es überall in den USA und die Behörden der Städte haben sich auf Katastrophenfälle sehr gut vorbereitet. Folgen Sie daher den Anweisungen des Personals im Hotel oder wo immer Sie in einem solchen Fall sind. Sie werden beobachten können, wir ruhig die Amerikaner dabei bleiben.

Weitere Sicherheitshinweise entnehmen Sie folgenden Homepages:

Deutschland:	www.auswaertiges-amt.de
Schweiz:	www.eda.admin.ch
Österreich:	www.bmaa.gv.at

Telefon

Wer günstig von den USA nach Europa telefonieren möchte, dem sei die SIM Card von Cellion zu empfehlen. Dabei meldet man sich über die HP: www.cellion.de an und füllt den entsprechenden Antrag aus. Die SIM Card wird dann einige Tage vor Abflug versendet und ist nur für den Aufenthalt freigeschaltet. Wer auf sein Telefon verzichten möchte, der kann selbstverständlich direkt von seinem Hotelzimmer in die Heimat telefonieren. Bitte beachten Sie die Zeitverschiebung!

Landesvorwahlen:

USA	+1
Deutschland	+49
Österreich	+43
Schweiz	+41

Ggf. muss man das + durch 00 ersetzen.

Internet

Internetanschluss bzw. einen PC finden Sie in den meisten Hotels im Business Center. Teilweise wird der Service kostenlos angeboten. Über die Rezeption bekommt man den Zugangscode.

Extrem hilfreich, nicht nur auf der Reise durch DFW, ist der HP ElitePad 900. Mit den zahlreichen Apps könnte man sich sogar das GPS ersparen. Für Neueinsteiger sind die Clips bei Youtube eine gute Hilfe, sich mit dem Gerät vertraut zu machen. Die Performance mit dem Atom Prozessor ist schnell und die einzelnen Ladevorgänge innerhalb weniger Sekunden abgeschlossen. Wenn man keine professionellen Fotos mit Stativ machen muss, ist das Gerät durchaus empfehlenswert. Optimal scheint die lange Lebensdauer des Akku zu sein. Auch die hohe Luftfeuchtigkeit bzw. der Wechsel von den hohen Temperaturen draußen und den kühleren Temperaturen in den Hotels haben zu keinerlei Störungen geführt. Die optimale Größe (26,1 cm × 17,8 cm) und ein Gewicht von unter 700 g machen es zum täglichen Begleiter, egal ob man in einem Museum schnell etwas nachlesen muss oder sich mit der Firma in Deutschland schnell in Verbindung setzen muss.

Zahlungsmittel

Das Zahlungsmittel ist der US$. Eigentlich wird jedoch überall die Kreditkarte akzeptiert. Bargeld (cash) bezahlt man jedoch meist nur als Trinkgeld. Über den aktuellen Umtauschkurs informiert man in der Presse. Am Besten hat man immer zwei verschiedene Karten dabei.

Da man relativ wenig Bargeld braucht, kann man dies spätestens auf den Flughäfen in Europa eintauschen.

Zoll

Folgende Mengen sind bei der Einfuhr aus den USA in die EU/ Schweiz erlaubt:

200 Zigaretten oder 100 Zigarillos oder 250 g Tabak
1 l Alkohol über 22 Vol. % oder 2 l bis 22 Vol. %.

Geschenke, inklusive selbst gekaufter Waren, dürfen in die EU im Wert von 430 € bzw. 300 CHF eingeführt werden. Hält man sich an die Begrenzung, so kann man auf den Flughäfen den grünen Ausgang benutzen. Liegt man über der Höchstgrenze, so geht man durch den roten Ausgang und meldet alles an. Die Quittungen sollte man jedoch schon griffbereit haben, um weitere Wartezeiten zu vermeiden. Gepäckkontrollen sind, egal welchen Ausgang Sie benutzen, jedoch immer möglich.

Reiseveranstalter

Viele Reiseveranstalter aus Deutschland, Österreich und der Schweiz haben die USA in ihren Programmen aufgenommen. Die Zahl, die sich auf DFW spezialisiert hat, ist jedoch recht übersichtlich. Erfahrungen haben gezeigt, dass sich die meisten

Besucher ihre Reise individuell zusammenstellen und auf die Angebote der Veranstalter verzichteten. Jedoch sollte man die Offerten einer näheren Prüfung unterziehen, da man sehr oft über die Veranstalter günstige Hotelpreise bekommt.

FTI
www.fti.de
Tel: 089-7104-51498 (täglich von 8-24 Uhr)

Meiers Weltreisen
www.meiers-weltreisen.de
Tel: 069-9588-5929

Kuoni
www.kuoni.com

Neckermann Reisen (über jedes Reisebüro oder im Internet)
www.neckermann-reisen.de

Thomas Cook (über jedes Reisebüro oder im Internet)
www.thomascook.de

TUI (über jedes Reisebüro oder im Internet)
www.tui.com

Schweiz:
Hotelplan
Sägereistr. 20, 8152 Glattbrugg
Tel: 043-2118-885
E-Mail: internet-travelshop@hotelplan.ch
www.hotelplan.ch

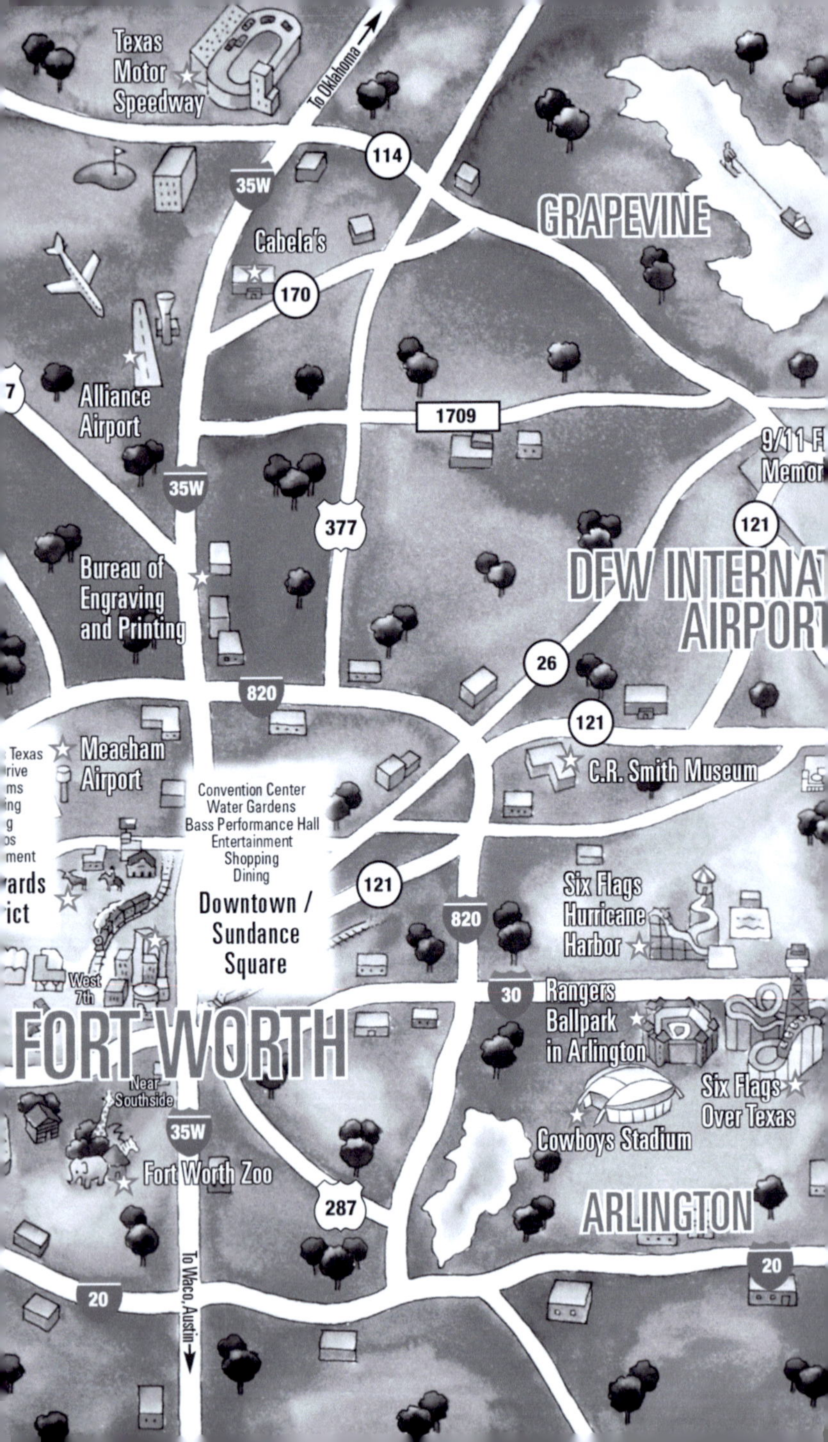

Texas
Motor
Speedway
To Oklahoma
114
35W
GRAPEVINE
Cabela's
170
Alliance
Airport
1709
9/11 F
Memor
35W
377
121
Bureau of
Engraving
and Printing
DFW INTERNA
AIRPORT
26
820
121
Meacham
Airport
C.R. Smith Museum
Convention Center
Water Gardens
Bass Performance Hall
Entertainment
Shopping
Dining
121
Downtown /
Sundance
Square
820
Six Flags
Hurricane
Harbor
West
7th
30
Rangers
Ballpark
in Arlington
FORT WORTH
Near
Southside
Six Flags
Over Texas
35W
Cowboys Stadium
Fort Worth Zoo
287
ARLINGTON
20
20
To Waco, Austin

N
Dallas North Tollway
FRISCO
PLANO
75
35E
635
114
114
75
AL
RVING
12
183
35E
12
DALLAS
30
GRAND PRAIRIE
Paragon
Outlets
45
12
67
35E
To Houston

FOTONACHWEIS

Alle Fotos: Copyright by Steffen Gierok, International Travel Books, außer S. 38/39 und 59 by Dallas Convention & Visitors Bureau, S. 46 by Sixth Floor Museum Dallas, S. 74/75 by Southfork Ranch, S. 72 by Plano Convention & Visitors Bureau, S. 86/87 by Fort Worth Convention & Visitors Bureau, S. 100/111 by Firestone & Robertson,

Das Kartenmaterial (©) wurde freundlicherweise zur Verfügung gestellt von: S. 26 DFW Flughafen, S. 40 Dallas Convention & Visitors Bureau, S. 88, 94 & S. 138/139 Fort Worth Convention & Visitors Bureau.

DANKSAGUNG

Für die Produktion des Buches möchten wir uns bei folgenden Personen recht herzlich bedanken: Alexander Exner (Frankfurt), Oliver Zang (Frankfurt), Doris Fertmann (Münster), Steffen Gierok (Hettstedt), Mary Coons (USA), Anke Kornmüller (Karlsruhe), Kimberly Sullivan (Dallas), Greg Miller (Dallas), Kerstin Waidtischka (Houston), Sarah Covington (Ft. Worth, thanks for the endless support), Petra Lively (Dallas), Sven Langenau (Houston), Mary Burke (Plano), Jeniffer Cabibi (Dallas), Walter Reaster (Ft. Worth), Janna Timm (Plano), Deborah Hurst (Plano), Jordan Arnt (Ft. Worth), Ellen Honold (Munich), Jason McAlister (Graham), Dr. Barbara Berthold (Dallas) und den vielen Menschen, die uns in Texas auf den richtigen Weg brachten.

INDEX